예술가가 사랑한

아름다운
유럽 도시

지은이 **김향금**

서울대학교에서 지리학과 국문학을 공부한 뒤, 같은 학교 대학원에서 고전 문학을 전공했습니다.
어린이와 청소년을 위한 우리나라의 역사, 지리, 인물 논픽션 책을 쓰거나 만들어 왔습니다.
앞으로 성인을 대상으로 세계 문화를 소개하는 책을 쓸 계획입니다.
만든 책으로 〈생활사박물관〉, 〈한국사탐험대〉, 〈우리 알고 세계 보고〉 시리즈가 있고, 쓴 책으로 《경성에서 보낸 하루》,
《조선에서 보낸 하루》, 《아무도 모를 거야 내가 누군지》, 《세상을 담은 그림 지도》, 《우리 땅 캠핑 여행》 등이 있습니다.

그린이 **토끼도둑**

성균관대학교 서양화과를 졸업한 뒤, 일러스트레이터로 활동하고 있습니다.
그린 책으로는 《푸른 별 아이들》, 《수학 이솝우화》, 《보이니? 명화 속 숨은 마음》, 《세계 문학 속 지구 환경 이야기》,
《아는 길도 물어 가는 안전 백과》, 《조선 소년 무걸, 무기를 만들다》, 《최척전 : 전쟁터에도 희망이 있을까?》 등이 있으며,
1인 출판물 《인디.진 2分》, 《Ma Peach》, 《토끼도둑의 일러스트레이션과 드로잉》을 펴냈습니다.

예술가가 사랑한
아름다운 유럽 도시

1판 1쇄 발행 2019년 7월 5일
1판 2쇄 발행 2020년 6월 1일

지은이 김향금　**그린이** 토끼도둑

펴낸곳 도서출판 그린북　**펴낸이** 윤상열
기획편집 염미희 김다혜　**디자인** 쏘굿디자인　**마케팅** 윤선미　**경영관리** 김미홍
출판등록 1995년 1월 4일(제10-1086호)　**주소** 서울 마포구 방울내로11길 23 두영빌딩 302호
전화 02-323-8030~1　**팩스** 02-323-8797　**블로그** greenbook.co.kr　**이메일** gbook01@naver.com

글 ⓒ 김향금 2019

이 책의 저작권은 저자와 출판사에게 있습니다.
서면에 의한 저자와 출판사의 허락 없이 내용의 일부를 인용하거나 발췌하는 것을 금합니다.

ISBN 978-89-5588-367-1 73920

* 잘못된 책은 구입하신 곳에서 바꾸어 드립니다.
* 이 도서의 국립중앙도서관 출판예정도서목록(CIP)은 서지정보유통지원시스템 홈페이지(http://seoji.nl.go.kr)와
  국가자료공동목록시스템(http://www.nl.go.kr/kolisnet)에서 이용하실 수 있습니다.(CIP제어번호: CIP2019019001)

* 이 책에 실린 예술 작품과 사진은 대부분 일반에 공개된 공공 자료들입니다.
  그 외 모두 소장처나 저작권자의 허락을 받아 실었으나 일부 허락을 받지 못한 작품은 추후 확인되는 대로 밝히겠습니다.

어린이제품안전특별법에 의한 표시
품명 어린이 도서　**제조국** 대한민국　**사용연령** 8세 이상　**주의사항** 책 모서리에 다치지 않도록 주의하세요

예술가가 사랑한
아름다운
유럽 도시

글 김향금 그림 토끼도둑

그린북

차례

한 도시가 가장 아름답게 빛날 때는 언제일까요? 10

귀스타브 카유보트가 사랑한 비 오는 **파리** 12

클로드 모네가 사랑한 꽃과 물이 어우러진 정원 **지베르니** 16

장 프랑수아 밀레가 사랑한 화가의 마을 **바르비종** 20

빈센트 반 고흐가 사랑한 태양의 도시 **아를** 24

폴 세잔이 사랑한 물의 도시 **엑상프로방스** 28

미켈란젤로 부오나로티가 사랑한 영원의 도시 **로마** 32

비토레 카르파치오가 사랑한 바다 위의 도시 **베네치아** 36

단테 알리기에리가 사랑한 꽃의 도시 **피렌체** 40

레오나르도 다빈치가 사랑한 멋의 도시 **밀라노** 44

조아키노 로시니가 사랑한 음악의 도시 **볼로냐** 48

안드레아 팔라디오가 사랑한 건축의 도시 **비첸차** 52

찰스 디킨스가 사랑한 빅토리아 시대의 **런던** 56

일러두기

● 이 책은 여행을 돕는 여행 가이드북이 아니라 예술가들이 살았던 도시를 소개하는 책이에요. 지도 위 각 건축물의 위치는 대략적으로 표시했어요.

● → 표시는 지도 밖 지역에 위치한 건축물이 있는 곳의 방향을 나타내요.

● 지도에 표시한 볼거리는 한 도시에서 예술가와 관련이 있는 곳을 중심으로 실었어요.

비틀즈가 사랑한 항구 도시 **리버풀** 60

베아트릭스 포터가 사랑한 피터 래빗의 고장 **레이크 디스트릭트** 64

J. K. 롤링이 사랑한 마법의 도시 **에든버러** 68

안토니 가우디가 사랑한 곡선의 도시 **바르셀로나** 72

르네 마그리트가 사랑한 유럽의 수도 **브뤼셀** 76

렘브란트 판 레인이 사랑한 운하의 도시 **암스테르담** 80

요하네스 페르메이르가 사랑한 황금시대의 **델프트** 84

그림 형제가 사랑한 동화 나라 **브레멘** 88

요한 볼프강 폰 괴테가 사랑한 마인 강변의 **프랑크푸르트** 92

베드르지흐 스메타나가 사랑한 블타바 강변의 **프라하** 96

한스 크리스티안 안데르센이 사랑한 바이킹의 도시 **코펜하겐** 100

볼프강 아마데우스 모차르트가 사랑한 음악의 도시 **빈** 104

예술가가 사랑한 도시는 어디일까요? 108

한 도시가 가장 아름답게 빛날 때는 언제일까요?

예술가는 도시의 이곳저곳을 걸어요. 달콤한 공기를 들이켜고, 좁다란 골목에 숨은 이야기에 귀 기울이며, 비 오는 거리나 해 지는 강변을 천천히 거닐어요. 단골 카페에 들어가서 커피를 마시며 음악을 듣고 휴식을 취하기도 하지요.

그 도시는 예술가가 나고 자란 곳일 수 있어요. 언제나 돌아가고 싶은 고향이지요. 어린 시절 놀러 갔다가 마음에 남은 마을일 수도 있어요. 우연히 지나가다가, 한눈에 반한 곳일 때도 흔히 있지요. 그저 태양이 정열적으로 빛나는 도시일 수도 있어요. 삶이 밑바닥에 떨어졌을 때, 도망치듯 숨은 곳일 수도 있고요. 예술가를 먹여 살려 주는 부유한 후원자가 사는 곳일 수도 있어요.

예술가는 그 도시를 온몸으로 느끼고 창작 활동의 자양분으로 삼아요. 남들이 쉽게 알아채지 못한 그 도시의 매력을 찾아내지요. 도시는 예술가에게 무한한 영감을 선사해요. 도시 자체가 작품의 무대가 되기도 해요. 그 도시의 빛나는 태양 아래에서 새로운 색채를 발견하지요. 아예 도시를 자신이 만든 건축물로 채우기도 해요. 그 도시에서 대표적인 작품을 만들고 세계적인 예술가나 작가가 되기도 하고요.

예술가와 도시는 서로에게 빛을 던지는 존재예요. 예술가는 그 도시에서 창작욕을 불태우고, 예술가의 눈에 띈 도시는 예술 작품 속에 영원히 남아요. 그리하여 우리는 예술가가 사랑한 도시 곳곳에서 예술가의 흔적을 발견할 수 있어요.

자, 예술가가 사랑한 도시, 그리고 예술가가 남긴 흔적을 찾아 예술 기행을 시작해 볼까요?

귀스타브 카유보트가 사랑한 비 오는 파리

〈파리의 거리, 비 오는 날〉, 1877, 캔버스에 유채, 212.2x276.2cm, 시카고 아트 인 인스티튜트

우산 혁명
그림 속 인물들이 들고 있는 커다란 우산에 얽힌 이야기가 있어요. 1851년 사무엘 폭스가 가벼운 우산을 개발하면서 우산이 인기를 끌었어요. 당시 파리지앵(파리 사람)들은 이런 우산을 들고 비 오는 거리에서 걷기를 즐겼답니다.

파리는 누구나 한번쯤 가 보고 싶어하는 도시로 꼽혀요. 그런 파리가 가장 아름다웠을 때는 언제일까요? 카유보트는 '벨 에포크(아름다운 시절)'의 파리, 그리고 비 올 때의 파리라고 넌지시 말하는 것 같아요. 벨 에포크는 19세기 말부터 20세기 초까지 작가와 화가들이 몽마르트르의 카페로 몰려들고 파리가 문화와 예술의 도시였던 때를 말해요. 바로 카유보트가 인상주의 화가들과 어울려 그림을 그렸던 시절이지요.

〈화가의 초상〉, 1892, 40.5×32.5cm, 오르세 미술관

귀스타브 카유보트

귀스타브 카유보트(1848~1894)는 인상주의 화가예요. 부유한 집안 출신으로 인상주의의 후원자이자 인상주의 그림의 수집가로도 알려져 있어요. 마네, 모네, 르누아르, 드가, 세잔 같은 인상주의 화가들이 인정받지 못했던 시절에 그들의 작품을 수집해서 국가에 기증했어요.

인상주의 화가는 순간적으로 받은 인상을 표현해요. 카유보트는 그런 인상주의에 속하지만 그림은 세세한 부분까지 사실적으로 그렸어요. 카유보트의 그림에 등장하는 인물들의 옷차림을 보고 당시 파리지앵의 패션을 연구할 정도랍니다.

    카유보트는 파리 제8구에 있는 자신의 아파트 주변 거리를 그렸어요. 아파트 발코니에서 내려다본 거리와 거리를 오가는 사람들을 화폭에 담았지요.

    특히 〈파리의 거리, 비 오는 날〉에는 19세기 말 비 오는 파리의 거리 풍경이 스냅 사진처럼 그려져 있어요. 파리 제8구에는 유럽 광장을 중심으로 별처럼 뻗은 길들이 있어요. 카유보트는 그 길들 중에서 모스크바가의 비 오는 풍경과 거리를 지나가는 파리지앵을 매혹적으로 그려 냈어요. 가로등으로 나뉜 화면 속에서 별 모양으로 뻗어 나간 도로, 청회색 지붕을 인 육층 건물들, 우산을 쓰고 걷는 세련된 정장 차림의 파리지앵, 마차의 커다란 바퀴, 빗물에 반짝거리는 길바닥이 생생하게 그려져 있지요.

    이 그림을 보는 우리도 벨 에포크의 파리지앵이 되어 우산을 받쳐 들고 비 오는 파리를 산책하는 듯한 느낌에 빠져들어요.

〈아르장퇴유 다리와 센강〉, 1883, 81.6×65.5cm

〈유럽교〉, 1876, 124.7×180.6cm, 파리 프티팔레 미술관

〈발코니의 남자〉, 1880, 89.5×116.5cm

Paris 파리

파리는 세계의 문화 수도입니다. 프랑스의 가운데에 있으며 센강이 파리의 왼쪽과 오른쪽을 가르며 흐르고 있어요. 파리의 행정 구역은 루브르 박물관이 있는 1구에서 시작해서 20구까지 달팽이 모양으로 늘어서 있어요.

19세기 중반, 파리 시장이었던 오스만 남작은 파리를 멋진 근대 도시로 바꾸는 일을 했어요. 꼬불꼬불한 길을 없애고 에투알 개선문에서 별 모양으로 큰길이 뻗어나가게 닦았어요. 파리의 길은 큰길인 불바르(boulevard)와 아브뉴(avenue), 보통 길인 뤼(rue)로 나뉘었어요. 그런 거리를 세련된 옷차림을 한 파리지앵들이 산책하는 게 풍속이었지요. 이렇게 근대 도시 파리 풍경이 탄생했습니다.

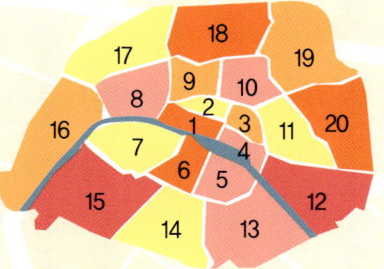

달팽이 모양의 파리 행정 구역

에투알 개선문
나폴레옹이 전쟁에서 승리하고 온 병사들을 환영하기 위해 세운 문이에요. 지금은 개선문 주위를 샤를 드골 광장이라고 불러요.

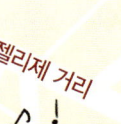

샹젤리제 거리

♪♬! 오! 샹젤리제

오페라 가르니에
1875년 샤를 가르니에가 세운 오페라 극장이에요. 천장에는 샤갈이 그린 걸작 〈꿈의 꽃다발〉이 걸려 있지요. 주로 오페라와 발레가 상연되어요.

카유보트의 집
생 라자르역 근처에 위치해 있어요. 카유보트가 1866년부터 1879년까지 살았어요.

오르세 미술관
파리 만국 박람회 때 세워진 철도역을 미술관으로 바꾸어 유명해졌어요. 고흐, 모네, 르누아르를 비롯한 19세기 인상주의 화가들의 작품을 전시하고 있어요. 홀 중앙에 걸린 커다란 시계가 철도역의 분위기를 전해 주지요.

에펠 탑
파리를 상징하는 탑이에요. 1889년 '파리 만국 박람회' 때 세워졌어요. 높이 약 324미터의 철탑이지요. 이름은 이 탑을 세운 프랑스 건축가인 에펠(Alexandre Gustave Eiffel, 1832~1923)의 이름에서 유래했어요.

생 라자르역

파리에서 두 번째로 사람들이 많이 오가는 기차역이에요. 이 역은 마네와 모네의 작품에도 자주 등장해요.

물랭 루주
몽마르트르의 번화가에 있는 댄스홀이에요. 이곳에서 캉캉춤이 유행하기 시작했어요.

몽마르트르 언덕과 사크레 쾨르 대성당
파리 시내를 한눈에 내려다볼 수 있는 언덕이에요. 언덕 꼭대기에는 흰 대리석으로 지은 사크레 쾨르 대성당이 우뚝 서 있어요. 가난한 화가들이 포도밭이 있는 언덕에 삼삼오오 모이면서 화가들의 언덕이 되었어요.

유럽 광장
생 라자르역을 지나는 철로 위로 설치된 다리 위 광장이에요. 이 위를 지나는 다리가 유럽교로, 카유보트의 그림 〈유럽교〉의 배경이에요. 유럽교에서 보면 생 라자르역을 지나는 기차들이 보이지요. 이 근처에는 카유보트의 집, 마네의 화실 등이 있었어요.

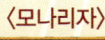

퐁피두 센터
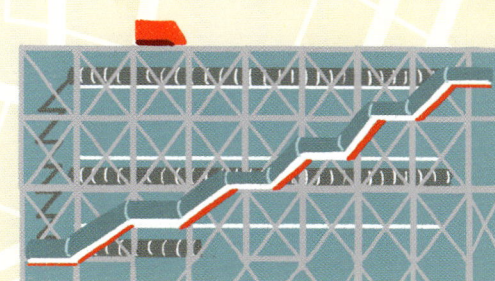
1977년 문을 연, 현대 미술관이에요. 배수관과 가스관, 통풍구를 밖에 설치해 건물의 안과 밖을 바꾼 디자인으로 세상을 깜짝 놀라게 했지요. 퐁피두는 이 센터를 구상한 조르주 퐁피두 대통령의 이름을 딴 거예요.

〈모나리자〉

루브르 박물관
영국의 대영 박물관, 바티칸시티의 바티칸 박물관과 함께 세계 3대 박물관으로 꼽혀요. 1989년 중국계 미국인 건축가 '에이오 밍 페이'가 설계한 유리 피라미드는 건축 당시 큰 반대를 불러일으켰지만 지금은 루브르 박물관의 상징이 되었어요.

센 강

퐁뇌프
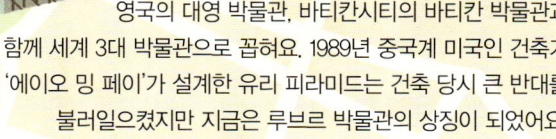
'새로운 다리'라는 뜻이에요. 이름과는 달리 센강에서 가장 오래된 다리랍니다. 〈퐁뇌프의 연인〉이라는 영화의 배경으로 유명해요. 세계 곳곳에서 온 연인들이 걸어 둔 '사랑의 자물쇠'가 주렁주렁 걸려 있어요.

시테섬

노트르담 대성당

프랑스에서 손꼽는 고딕 양식의 성당으로, 1211년부터 14세기 초에 걸쳐 세워졌어요. 나라의 주요 행사가 열리는 장소이기도 해요. 노트르담 대성당의 웅장한 모습은 어느 쪽에서 보아도 감탄을 자아냈지요. 아쉽게도 2019년 4월에 불이 나 건물 일부가 무너졌어요.

팡테옹

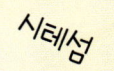
1790년 '성녀 주느비에브 성당'으로 세워지자마자 프랑스 혁명(1792년)을 겪었어요. 그 뒤 프랑스를 빛낸 위인들의 무덤을 모시는 신전으로 바뀌었어요. 장 자크 루소, 볼테르, 에밀 졸라, 퀴리 부부 같은 역사 속 인물들과 프랑스 혁명에서 죽은 열사들의 무덤이 있어요.

아르슈베슈 다리

클로드 모네가 사랑한 꽃과 물이 어우러진 정원

지베르니

〈수련 연못〉, 1899, 캔버스에 유채, 88.3×93.1cm, 런던 내셔널 갤러리

"저 내 정원을 돌아보세요."

모네는 지베르니를 찾은 손님들이 자신의 그림을 보기를 청하면 이렇게 말하곤 했어요. 마치 그림의 비밀이 지베르니 정원에 숨어 있는 것처럼요.

1883년 마흔셋의 나이에, 모네는 파리에서 북서쪽으로 70킬로미터 떨어진 지베르니로 이사했어요. 지베르니는 센 강가의 작은 전원 마을이었어요.

처음엔 집과 땅을 세내었지만, 차츰 주위 땅을 사들여 '꽃의 정원'을 가꾸기 시작했어요. 집 근처의 습지를 사들여 '물의 정원'을 만들었어요. 연못을 파고 그 위에 일본식 다리를 놓고, 계속해서 연못을 넓혀 다리를 네 개 더 세우고, 일본식 다리 위에는 등나무 덩굴을 올렸어요. 드디어 1901년에 화사한 '꽃의 정원'과 신비로운 '물의 정원'으로 구성된 '모네의 정원'이 완성되었지요.

모네는 시시각각으로 변하는 빛에 따른 색채의 변화를 순간적으로 포착하여 대상을 그리는 인상주의 화가였어요. 그림의 소재를 찾기 위해 이곳저곳을 돌아다녔지만, 지베르니 정원이 완성된 뒤로는 그럴 필요가 없었어요. 지베르니 정원에 그 모든 것이 있었으니까요!

모네는 그곳에서 풍부한 예술적 영감과 그림의 소재를 얻었어요. '색채의 정원'이라고 불린 지베르니 정원은 같은 장소에서 같은 대상을 놓고 빛에 따른 색채의 차이를 관찰할 수 있는 인상주의적 탐구를 하기에 좋은 장소였어요. 그곳에서 〈수련〉 연작도 탄생했지요.

〈화가의 지베르니 정원〉, 1900, 81×92cm, 오르세 미술관

〈인상, 해돋이〉, 1872, 48×63cm, 마르모탕 미술관

1872년에 르아브르 항구의 잔잔한 수면 위로 해가 뜨는 광경을 그린 작품인 〈인상, 해돋이〉를 발표했어요. 순간의 인상을 몇 번의 붓질로 재빨리 완성한 이 그림을 보고 평론가가 '인상주의'라 혹평했는데, 이 말이 그대로 미술 사조의 명칭이 되었지요.

클로드 모네

〈베레모를 쓴 자화상〉, 1886, 46×56cm, 개인 소장

클로드 모네(1840~1926)는 프랑스 인상주의 화가예요. 파리에서 태어나서, 파리 서북부의 항구 도시 르아브르에서 어린 시절을 보냈어요. 모네는 카유보트, 르누아르, 바지유 같은 인상주의 화가들과 어울리며 인상주의 전시회에 적극적으로 참여했어요. 고흐를 비롯한 당시 프랑스 화가들처럼 일본 우키요에의 영향을 받아 물의 정원에 일본식 다리를 세우기도 했지요. 야외에서 그림을 그리면서 햇빛에 지나치게 노출된 나머지 나이 들어서는 백내장에 걸려 고생을 했어요.

두 차례에 걸친 백내장 수술로 제대로 눈이 보이지 않는 상황에서도 〈수련 대장식화〉을 완성해 나라에 바쳤어요. 1926년 모네가 43년간 살던 지베르니에서 세상을 떠난 다음 해, 〈수련 대장식화〉는 파리의 오랑주리 미술관에 전시되었어요. 높이 2미터, 총 길이 87미터의 대작은 지베르니의 잔잔한 연못 풍경을 미술관 안으로 옮긴 '또 하나의 지베르니 정원'이었어요.

Giverny
지베르니

지베르니는 프랑스 파리 교외의 작은 마을이에요. 모네의 정원이 아니었다면 그저 센강을 따라 흩어져 있는 수많은 마을 중 하나로 남았을 거예요. 모네가 태어나 살며 거쳐 간 장소는 모두 센강 주변에 있어요. 모네는 파리에서 활동하다가, 센강을 따라 있는 파리 교외의 작은 마을들을 옮겨 다니며 살았어요. 그중에서 아름다운 풍광을 지닌 작은 전원 마을인 지베르니에 정착하기로 마음먹었어요.

지베르니 정원은 모네가 살던 때에는 친구나 지인들에게만 개방되었어요. 모네를 열렬히 좋아하는 미국, 영국의 화가들이 지베르니에 모여 작은 화가 마을을 이루기도 했어요. 모네가 세상을 떠난 뒤, 지베르니 정원은 한참 동안 내버려져 있었어요. 1980년부터 프랑스 정부가 관리하면서 일반인에게 개방되었지요. 모네가 만든 인상주의 그림과 지베르니 정원, 두 아름다운 창조물은 우리에게 기쁨을 선사해 주고 있어요.

〈양산을 든 여인〉
모네는 양산을 든 여인을 여러 점 그렸어요. 이 장면은 모네의 두 번째 부인의 딸 쉬잔의 모습이에요. 엡트 강가 언덕의 쉬잔은 하늘을 배경으로 서 있어요.

푸아시
생라자르역에서 기차로 20분 정도 거리에 있는 작은 마을이에요. 센강의 기슭에 위치한 이곳에도 모네가 머물렀지요.

센강

베퇴유
모네는 이곳에서 3년 반을 살면서 그림을 그렸어요.

아르장퇴유
파리 가까이에 있는 아르장퇴유는 모네가 5년간 머물며 그림을 그린 곳이에요.

루앙 대성당
모네는 루앙 대성당 연작도 그렸어요.

모네 로드

모네는 파리에서 태어나, 센강 하구에 있는 항구 도시 르아브르에서 청소년기를 보냈고, 센강 주변에 있는 아르장퇴유, 푸아시, 베퇴유를 거쳐 지베르니에 정착했어요. 파리의 '생 라자르역'에서 출발해 이 마을들을 거쳐 르아브르에 이르는 '모네 로드'는 모네의 그림을 사랑하는 이들이 즐겨 찾는 순례 코스예요.

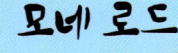

르아브르 항구
모네의 대표작인 〈인상, 해돋이〉가 탄생한 곳이에요.

모네의 정원

꽃의 정원

물의 정원

꽃의 정원
모네는 뛰어난 정원사였어요. 계절에 따라 피고 지는 꽃들을 계산하고, 여러 색깔의 꽃들이 어우러지도록 정원을 설계했어요. 봄에 자줏빛 아이리스가 핀 정원은 사계절 중에서 가장 아름다워요.

물의 정원
1893년 꽃의 정원 건너편에 만든 연못이에요. 연못 위에 일본식 아치 다리를 세웠어요. 모네는 일본의 영향을 많이 받았거든요.

지베르니 인상주의 박물관
프랑스 인상주의에 영향을 받은 화가들의 작품을 주로 전시하고 있어요. 모네의 작품도 여럿 소장하고 있지요.

위에 확대한 부분

꽃의 정원

모네의 집
분홍 벽에 초록 창문이 예쁜 집이에요. 모네가 살던 그대로 가구와 침대, 소파가 전시되어 있어요.

모네의 부엌
모네의 부엌은 '루앙 스타일'이라고 부르는 푸른 도자기 타일로 장식되어 있어요. 모네가 쓰던 푸른색과 노란색 접시까지 진열되어 있어요.

생 라자르역
파리의 7개 역 중의 하나예요. 모네는 〈생 라자르역〉도 그렸어요.

지베르니 근처의 엡트강
〈노르웨이식 나룻배〉의 배경이 되었어요.

엡트강

장 프랑수아 밀레가 사랑한 화가의 마을 바르비종

1849년 밀레는 전염병인 콜레라를 피해 파리 교외의 바르비종에 둥지를 틀었어요. 밀레의 눈에 붉은 황토빛 들녘이 들어왔어요. 밀레는 해 질 무렵 성당의 종소리가 울리면, 드넓은 들판을 배경으로 일손을 멈추고 경건하게 저녁 기도를 올리는 부부를 그렸어요. 어릴 적에 할머니가 저녁 기도를 알리는 종소리가 울리면 죽은 이를 위해 기도하라고 했던 기억이 떠올랐지요.

이 그림이 바로 전 세계에서 가장 사랑받는 그림 중의 하나인 〈삼종 기도〉예요. 밀레는 그림의 맨 꼭대기에 성당 위를 푸드덕 날아가는 까마귀 떼를 그려 넣었어요. 까마귀 떼의 움직임에서 종소리가 울리고 있다는 사실을 암시한 것이지요. 이 장면은 꼼꼼하게 보지 않으면 놓치기 쉽습니다.

"나는 종소리가 울리는 것을 사람들이 듣기 바랍니다."

밀레는 〈삼종기도〉를 두고 이렇게 말했어요. 해 질 무렵, 바르비종의 들판에 서서 〈삼종 기도〉 속의 농부 부부처럼 두손을 모아 기도하고 싶지 않나요? 바르비종 마을 입구에는 이곳이 〈삼종 기도〉의 배경이라는 사실을 알리는 그림 간판이 세워져 있어요.

〈삼종 기도〉 그림에 숨겨진 사실!
흔히 〈만종〉으로 알려져 있지만 〈삼종 기도〉가 정확한 이름이에요. 삼종 기도는 가톨릭 성당에서 아침, 점심, 저녁 하루에 세 차례, 각각 세 번씩 치는 종소리에 맞추어 올리는 기도를 말해요. 그림의 배경은 바르비종의 밀밭이지만 작업실에서 남자 모델과 여자 모델을 따로 세워 놓고 그렸다는 재미있는 이야기도 전해지고 있지요.

〈삼종 기도〉, 1858, 55.5×66cm, 오르세 미술관

ⓒ 위키피디아

장 프랑수아 밀레

장 프랑수아 밀레(1814~1875)는 프랑스 바르비종파 화가예요. 프랑스 서북부 노르망디의 작은 시골 마을인 그뤼시에서 태어나 잠시 파리에서 활동하다가 바르비종에 정착했어요. 밀레가 살던 시절에는 귀족이나 영웅을 그려야 고상한 그림이 된다고 여겼어요. 그렇지만 밀레는 바르비종의 들판을 배경으로 낡은 옷을 입고 거친 농사일을 하는 농부와 아낙들을 그렸어요. 농부들의 평범한 일상을 그려 자연주의 화가로 불리고 있어요.

1848년 왕정을 무너뜨리고 공화정 시대를 연 프랑스 2월 혁명의 정신이 밀레에게 알게 모르게 아로새겨진 것이라고 보는 이도 있어요.

〈씨 뿌리는 사람〉, 1850, 101.6×82.6cm, 보스턴 미술관

〈씨 뿌리는 사람〉과 고흐
빈센트 반 고흐가 밀레의 〈삼종 기도〉에 감명을 받아 화가가 되기로 결심한 사실은 유명한 이야기예요. 고흐는 밀레의 〈씨 뿌리는 사람〉을 수십 번이나 반복해서 베껴 그릴 정도로 밀레를 존경했어요.

바르비종파는?
1835~1870년경 코로, 루소, 디아즈 같은 화가들이 바르비종에 작업실을 열었어요. 이들은 자연과 교감을 나누고, 자연을 직접 세심하게 관찰하면서 풍경화를 그렸어요. 이들을 '바르비종파'라고 불렀지요. 바르비종파 화가들이 주로 풍경화를 그린 데 비해 밀레는 인물화에 집중했어요.

바르비종 들판이 배경인 밀레의 그림들

〈낮잠〉, 1866, 29.2×41.9cm, 보스턴 미술관

〈이삭 줍는 사람들〉, 1857, 83.6×111cm, 오르세 미술관

〈건초 말리는 사람들의 휴식〉, 1848, 89×116cm, 오르세 미술관

Barbizon 바르비종

바르비종은 프랑스 파리 근교의 시골 마을이에요. 파리를 빠져 나와 자동차로 한 시간 정도 달리면 붉은 황토가 깔린 기름진 들판이 나와요. 바로 밀레 그림의 배경인 밀밭이에요. 바르비종에 오면 프랑스가 농업 국가라는 사실을 새삼 깨닫게 되지요.

바르비종은 인구가 1,600명도 안 되는 작은 마을이에요. 마을의 주요 도로인 그랑 뤼를 따라 밀레를 비롯한 바르비종 화가들의 작업실과 예쁜 집들이 옹기종기 모여 있어요. 한가로이 걷다 보면 아담한 화가들의 마을 속을 거니는 듯한 느낌이 들지요. 바르비종에서 10킬로미터 떨어진 곳에는 옛날 프랑스 왕들의 사냥터인 퐁텐블로 숲과 퐁텐블로성이 있어요. 퐁텐블로성은 프랑수아 1세가 레오나르도 다빈치를 비롯해 피렌체에서 불러 모은 르네상스의 거장들이 활동한 성이에요.

간(Ganne)의 여관
바르비종에 호텔이 생기기 전인 1834~1870년 사이에 가난한 예술가들이 모이던 여관이에요. 밀레, 루소, 앵그르가 머물렀다고 해요. 지금은 바르비종파 미술관으로 쓰이고 있어요. 그 당시 침실과 생활 도구들이 전시되어 있어 눈길을 끌어요.

루소의 집
밀레와 함께 바르비종파를 대표하는 테오도르 루소의 작업실이에요. 루소는 1833년 바르비종에 정착해서 많은 그림을 그렸어요. 자연을 관찰해서 그리는 프랑스 풍경화가 발전하는 데 크게 이바지했어요.

퐁텐블로성
프랑스 왕족들의 사냥터였던 퐁텐블로 숲 옆에 있는 별궁이에요. 루브르 박물관의 대표작인 다빈치의 〈모나리자〉가 원래는 이 궁전의 벽에 걸려 있었다고 해요.

퐁텐블로성 계단
'페라슈발'이라고 부르는 말발굽 모양의 계단이에요. 퐁텐블로성에서 정원으로 내려오는 계단이에요.

퐁텐블로성의 백마 광장
나폴레옹 1세가 엘바섬으로 유배를 떠나면서 이곳에서 근위병들에게 이별을 고해 '이별의 뜰'이라고도 불려요.

퐁텐블로 숲
프랑스 왕족들의 사냥터였던 숲이에요. 입구에 바르비종파의 두 거장으로 꼽히는 밀레와 루소의 기념비가 새겨져 있어요.

바르비종 들판
밀레 그림의 배경이 된 곳이에요.
밀레는 이곳에서 〈이삭 줍는 사람들〉, 〈삼종 기도〉,
〈씨 뿌리는 사람〉 같은 그림들을 그렸어요.

그랑 뤼
작은 시골 마을 바르비종의 중심 거리예요. 이 길을 따라 밀레를 비롯한
바르비종파 화가들의 작업실이 늘어서 있어요. 아기자기하고 예쁜 카페와 호텔,
마을 주민들이 매일 들르는 정육점, 식료품 가게, 꽃집이 옹기종기 모여 있어요.
거리를 따라 걸으며 예쁜 건물의 외벽에 붙어 있는 바르비종파 화가들의
타일 그림을 보는 재미가 쏠쏠해요!

그랑 뤼

바르비종 시청사
자그마한 시골 마을인 바르비종의 시청사예요.
아담하고 예뻐서 관공서라기보다는 미술관처럼 보여요.

디아즈의 작업실
나르시스 디아즈 드 라 페냐의 작업실이에요.
에스파냐의 화가로 바르비종파의 한 사람이지요.
아틀리에 담벼락에 붙어 있는 타일 그림은 디아즈의
〈숲의 가장자리〉예요.

밀레의 작업실
밀레가 25년간 머물면서 수많은 작품들을 그린 곳이에요.
밀레는 〈삼종 기도〉를 비롯한 작품들을 실내 작업실에서 그렸다고 해요.
밀레의 가구, 사진, 조각품들이 전시되어 있어요.

빈센트 반 고흐가 사랑한 태양의 도시

아를

〈아를의 반 고흐의 방〉, 1989, 캔버스에 유채, 73×91cm, 시카고 아트 인스티튜트

〈해바라기〉, 1888, 91×72cm, 뮌헨 노이에 피나코텍

1888년 2월, 화가 빈센트 반 고흐가 아를에 막 도착했어요. 고흐는 파리에서 활동하다가 뜨거운 태양 아래 빛나는 '색채'를 찾아 프랑스 남부 도시 아를에 왔지요. 아를의 태양은 불덩어리 그 자체였어요. 마치 온 세상을 흐물흐물 녹여 버릴 기세로 타올랐지요. 고흐는 이글거리는 아를의 태양 아래에서는 자연의 색이 전혀 다르게 보인다는 사실을 발견했어요. 그러고는 붉은색과 초록색, 푸른색과 오렌지색, 진한 노란색과 보라색 같은 보색을 화폭에 과감하게 대비시켰어요. 자신의 느낌과 감정을 과장되게 표현하기 위해서 강한 붓놀림과 함께 강렬한 붉은색이나 초록색을 쓰기도 했어요. 고흐의 눈부신 색채가 이곳 아를에서 탄생했지요.

고흐는 아를에서 전성기를 맞이했어요. 이곳에 머문 15개월 동안 180여 점의 그림을 그렸지요. 고흐의 대표작으로 손꼽히는 〈해바라기〉, 〈아를 포룸 광장의 카페 테라스〉, 〈론강의 별이 빛나는 밤〉, 〈노란 집〉, 〈집배원 조제프 룰랭의 초상〉, 〈아를의 반 고흐의 방〉 등이 아를에서 탄생했어요.

빈센트 반 고흐

〈자화상〉, 1889, 54×65cm, 오르세 미술관

빈센트 반 고흐(1853~1890)는 네덜란드의 쥔데르트에서 태어난 화가예요. 고흐는 목사가 되기를 꿈꾸거나 화가로서 습작을 그릴 때도 늘 가난한 사람들에게 관심을 쏟았어요. 파리에서는 인상주의와 일본 판화의 영향을 받기도 했지요.

고흐는 예술가로서 짧고 열정적인 삶을 살았어요. 고흐의 작품은 위대했으나 정작 삶은 더할 나위 없이 초라했어요. 서른일곱 살 때, 파리 북부의 작은 도시에서 총상을 입고 세상을 떠났거든요.

고흐는 세상을 떠난 뒤에 더 유명해졌고 작품은 하늘을 치솟는 인기를 누렸어요. 비록 값싼 복제본일지언정 세계 어디를 가도 고흐의 초상화와 그림이 한두 작품은 걸려 있지요. 귀족이나 부자가 아니라 평범하고 소박한 사람들이 자신의 작품을 보고 즐기기를 바란 고흐의 바람이 실현된 것은 아닐런지요.

Arles 아를

〈론강의 별이 빛나는 밤〉, 1888년경, 72.5×92cm, 오르세 미술관

아를은 프랑스 남부의 아름다운 도시예요. 고대 로마의 원형 경기장과 극장이 남아 있는 오래된 도시지요. 아를 시청사가 있는 레퓌블리크 광장에는 생 트로핌 대성당과 오벨리스크가 세워져 있어요. 고흐가 살았던 노란 집은 제2차 세계 대전 때 폭격으로 사라졌지만 고흐가 걸었던 라마르틴 광장과 카발리 성문, 구불구불한 골목길은 그대로예요.

세계 여러 나라에서 수많은 관광객들이 고흐 작품의 배경을 보기 위해 아를로 몰려오지요. '밤의 카페'와 별빛이 흐르는 론강, 랑글루아 다리, 정신 병원은 고흐의 그림과 똑같은 모습으로 남아 있어서 관광객들에게 놀라움과 감동을 선사하지요.

아를의 거리에서는 자주 발걸음을 멈추게 돼요. 거리를 오가는 사람들 속에서 고흐를 만날 것 같은 착각에 빠지거든요.

포름 광장의 밤의 카페
고흐의 그림 속 풍경이 그대로 남아 있는 카페예요. 카페 옆에는 고흐가 그린 그림(24쪽 참고)도 패널로 전시되어 있어요.

론강
알프스 산맥에서 시작하여 프랑스 남동부의 여러 도시를 거쳐 지중해로 흘러 들어가는 강이에요. 고흐는 강둑에 앉아 별빛이 내리는 론강을 바라봤을 거예요.

〈트랭크타유 다리〉, 1888, 72.5×91.5cm, 반 고흐 미술관

트랭크타유 다리
론강을 가로지르는 다리로 고흐 그림의 배경이 된 곳이에요. 고흐의 그림과 다리를 비교해 보는 관광객을 만날 수 있어요.

레퓌블리크 광장의 오벨리스크
광장 한가운데 우뚝 서 있는 오벨리스크(뾰족한 탑)예요. 분수대 밑부분에서 물이 솟아나요. 콘스탄티누스 2세 때 론강 건너 전차 경주장에 세워져 있다가 두 동강 난 것을 17세기에 시청사 앞 광장으로 옮겨 왔어요.

아를 시청사
아치형 천장이 멋진 건물이에요. 시청을 프랑스어로 호텔 데 비유(Hôtel de ville)라고 해요. 호텔이라고 관광객이 묵는 호텔로 생각하면 안 돼요!

론강 유람선
유람선을 타고 햇빛이 강렬하게 반짝일 때 강변을 따라 빛나는 아를을 돌아보아요.

에스파스 반 고흐
16세기에 세워진 병원이에요. 귀를 자른 고흐가 치료를 받던 곳이지요. 나중에 고흐는 생레미에 있는 요양소로 보내졌어요. 지금은 고흐를 기념하는 도서관과 전시장, 기념품 가게가 있어요. 고흐의 그림과 똑같은 정원의 꽃밭이 남아 있어요.

〈아를 병원의 정원〉, 1889, 60×65cm, 반 고흐 미술관

고흐의 노란 집은 그 자리에 패널 속 그림으로 남아 있어요.

노란 집이 있던 곳
노란 집은 고흐가 아를에서 반 년 동안 살았던 집이에요. 고흐는 화가 공동체를 만들기를 꿈꾸었고 고갱을 노란 집에 초대했어요. 하지만 고갱과 말다툼 끝에 자신의 귀를 잘라 버리는 이상한 행동을 했지요. 노란 집은 1944년 제2차 세계 대전 중에 폭격을 맞아서 지금은 남아 있지 않아요.

⟨노란 집⟩, 1888, 72×91.5cm, 반 고흐 미술관

라마르틴 광장
노란 집 근처에 있는 작은 광장이에요. 당시 이웃들은 귀를 자른 고흐를 '빨강 머리의 미치광이'라며 정신 병원에 입원시키라고 아를 시장에게 원서를 보냈지요. 지금 아를이 고흐를 찾는 관광객들로 붐비는 걸 알면 이웃들은 뭐라고 할까요?

카발리 성문
아를의 북쪽 입구인 오래된 성문이에요. 성문 안쪽으로 들어서면 구시가지가 펼쳐져요.

광장의 밤의 카페

원형 경기장
로마의 콜로세움과 비슷하게 생겼지만 크기가 작은 원형 경기장이에요. 아를은 고대 로마의 중요한 식민 도시여서 로마 유적이 남아 있어요. 지금은 이곳에서 콘서트가 열려요.

아를 고대 극장
반원형으로 설계된 로마 시대 극장이에요. 지금도 공연이 무대에 오르지요.

⟨랑글루아 다리⟩, 1888, 60×65cm, 반 고흐 미술관

확대한 부분

론강

랑글루아 다리
아를의 남쪽을 가로지르는 운하 위에 있어요. 큰 배가 지나갈 때 다리 양쪽이 위로 열리는 도개교지요. 고향 네덜란드에 도개교가 있어서 고흐에게는 낯익은 풍경이었어요.

생 트로핌 대성당
로마네스크식 성당이에요. 중세 때 산티아고로 향하는 순례자들이 거쳐 가는 곳이었어요. 성자와 사도의 모습이 새겨진 정문이 유명해요.

폴 세잔이 사랑한 물의 도시 엑상프로방스

〈커다란 소나무와 생트 빅투아르산〉, 1885~1887, 66.8×92.3cm 코톨드 미술관

〈자 드 부팡의 밤나무〉, 1885~1887, 92×73cm, 미네아폴리스 미술관

세잔은 새벽마다 작업실에 가기 위해 블르공가 25번지에 있는 집을 나섰어요. 중간에 5분 거리에 있는 생 소뵈르 성당에 들러 미사를 보는 일을 하루도 거르지 않았어요. 미사 때면 파이프오르간에서 웅장한 미사곡이 울려 퍼지는 오래된 성당이었어요.

미사를 마친 뒤, 30분쯤 떨어진 작업실까지 걸어갔어요. 나무 계단을 올라 창으로부터 햇빛이 환하게 들어오는 이층 작업실에 도착했어요. 외투와 모자를 벗어 벽에 걸곤 오전 내내 그림을 그렸어요. 정해진 식당에서 점심을 먹고 오후엔 생트 빅투아르산이 보이는 곳에서 그림을 그렸어요.

세잔, 현대 미술의 아버지

세잔은 한때 인상주의에도 기웃거렸어요. 세상의 차가운 시선에도 아랑곳하지 않으며 그림의 본질이라고 믿은 색과 형태의 관계를 끊임없이 탐구했지요. 세잔을 통해 피카소의 입체파를 비롯한 현대 미술이 탄생해서 세잔을 '현대 미술의 아버지'라고 불러요.

가끔 마로니에 나무가 있는 미라보 거리를 산책하며 '카페 레 되 가르송(두 소년이라는 뜻)'에서 커피를 마시곤 했어요.

프랑스 남부의 엑상프로방스(줄여서 엑스)! 이 도시의 모든 것이 세잔과 연결되어 있어요. 세잔은 파리와 여러 도시를 돌아다니며 살았지만 언제나 고향인 엑스로 돌아왔어요. 세잔은 엑스의 낯익은 풍경을 언제나 그리워했어요. 세잔의 그림을 통해 생트 빅투아르산은 위대한 예술의 오브제(76쪽을 보세요.)가 되었고, 엑스의 집들과 거리들과 풍경들은 예술의 소재로 재탄생했어요. 세잔이 작업하던 작업실에는 정물화에 쓰인 도구들이 그대로 있고 세잔이 벗어 둔 외투와 모자가 걸려 있어요.

엑스를 거닐다 보면 유명한 '세잔의 사과'와 똑같은 빨간 사과를 과일 상점에서 발견하는 기쁨을 맛볼 수 있을 거예요.

〈사과와 오렌지〉, 1895~1900년경, 74×93cm, 오르세 미술관

〈팔레트를 든 자화상〉, 1890년경, 92×73cm, 뷔를레 컬렉션

폴 세잔

폴 세잔(1839~1906)은 프랑스 남부 엑스에서 활동한 화가예요. 세잔은 부유한 은행가의 아들로 태어났어요. 세잔의 아버지는 모자 가게를 하다가 큰돈을 벌어 은행을 차렸어요. 아버지는 세잔이 그럴듯한 법률가가 되길 바랐지만 세잔은 화가가 되고 싶었어요. 이런 아들에게 아버지는 용돈을 넉넉히 주지 않았어요. 세잔은 젊은 시절 가난에 쪼들려 살았어요.

파리에서 화가의 등용문인 '살롱'전에 매번 작품을 보냈지만 스무 번이나 떨어졌어요. 죽기 직전까지 거의 인정받지 못한 화가로 살았어요. 성격 또한 변덕스럽고 괴팍해서 늘 외로움 속에서 살았지요. 예순일곱 나이에 엑스 근처의 톨로네 농가를 그리다가 비를 맞고 쓰러진 지 며칠 만에 세상을 떠났어요.

Aix-en-Provence
엑상프로방스

엑상프로방스의 첫인상은 '물의 도시'라는 느낌이에요. 도시에 들어가자마자 시원한 물줄기를 뿜어 대는, 어마어마하게 큰 로통드 분수대를 만날 수 있어요. 도시 곳곳에 무려 100여 개의 분수대가 설치되어 있고요. 그 가운데에는 뜨거운 온천수가 나오는 분수도 있다나요. 사실 도시 이름 앞에 붙은 '엑스(Aix)'는 물을 뜻하는 '아쿠아'에서 나온 말이에요. 도시 안으로 깊숙이 들어가면 푸른 하늘, 햇빛에 반짝이는 플라타너스 잎, 샛노란 담이 늘어선 골목이 있어요.

프랑스 남부의 아름다운 도시 엑스에는 세잔의 발길이 닿지 않은 곳이 없어요. 세잔이 태어난 집, 친구인 소설가 에밀 졸라와 같이 다닌 학교인 콜라주 부르봉, 세잔이 다닌 화실, 세잔이 화가의 꿈을 키운 네 마리 돌고래 분수대, 세잔 집안이 살았던 저택, 세잔이 그림을 그린 작업실, 세잔의 그림 속 풍경이 된 집과 거리들, 그리고 생트 빅투아르산······.

엑스는 옛날에는 물의 도시였지만 지금은 '세잔의 도시'랍니다.

화가의 테라스
세잔이 생트 빅투아르산을 보며 그림을 그리던 언덕이에요. 여기에 서서 생트 빅투아르산을 바라보세요. 세잔처럼요!

세잔의 작업실
1906년 세잔이 죽기 직전까지 일하던 작업실이에요. 외출할 때 입었던 외투와 모자, 크고 작은 이젤, 정물화의 대상이 된 사과와 술병 등이 그대로 남아 있어요. 세잔이 잠깐 자리를 비운 것 같은 느낌이 들어요. 세잔의 길을 따라 걷다 보면 나와요.

엑스 거리의 과일가게
세잔의 그림에 등장하는 빨간 사과를 쉽게 찾아볼 수 있어요. 세잔처럼 그려 보고 싶은 마음이 들지 않나요?

로통드 분수대
엑스에서 가장 눈에 띄는 분수대예요. 예술, 정의, 농업을 상징하는 세 여신상이 있어요. 미라보 거리의 끝에 있어요. 밤에 분수대에 불이 들어오면 환상적인 분위기를 자아내요.

자 드 부팡 저택
세잔 집안이 1859년부터 1899년까지 40년을 산 저택이에요. 세잔의 후기 작품들이 탄생한 곳이지요.

엑상프로방스 대학
세잔이 공부한 대학이에요. 세잔의 아버지는 세잔이 법률가가 되기를 바랐지만 세잔은 화가의 길로 들어섰어요.

세잔의 길
세잔의 작업실을 지나 톨로네 마을로 가는 길이에요. 세잔이 즐겨 그린 생트 빅투아르산을 바라볼 수 있는 화가의 테라스로 이어지지요.

생트 빅투아르산
세잔은 생트 빅투아르산을 주제로 유화 40점, 수채화 40점을 그렸어요. 엑스 사람들에게 수호신 같은 산이지요.

생 소뵈르 성당
세잔이 집에서 나와 늘 들르던 성당이에요. 로마네스크와 고딕 양식이 섞인 성당이에요. 미사 때마다 오래된 파이프오르간에서 울려 퍼지는 소리가 장엄해요.

세잔의 집
불르공 거리 25번지에 있어요. 세잔이 1906년 죽을 무렵 살았던 집이에요

카페 레 되 가르송
미라보 거리에 있는 '두 소년'이라는 이름의 카페예요. 중학교 동창인 소설가 에밀 졸라와 자주 다니던 단골 카페예요. 지금도 세잔을 기억하는 관광객들이 많이 찾아와요.

미라보 거리와 세잔 동상
미라보 거리는 세잔이 산책을 즐기던 곳이에요. 길을 걷다 보면 세잔의 동상을 만날 수 있어요.

네 마리 돌고래 분수대
분수의 도시 엑스에서 아름답기로 손꼽히는 분수대예요. 세잔은 이곳을 오가며 이 분수대를 보고 화가의 꿈을 키웠어요.

그라네 미술관
세잔이 데생을 배우던 미술 학교예요. 지금은 미술관이 되었어요.

라벤더밭
한여름 엑스는 보랏빛 라벤더가 물결치는 곳이에요.

미켈란젤로 부오나로티가 사랑한 영원의 도시

로마

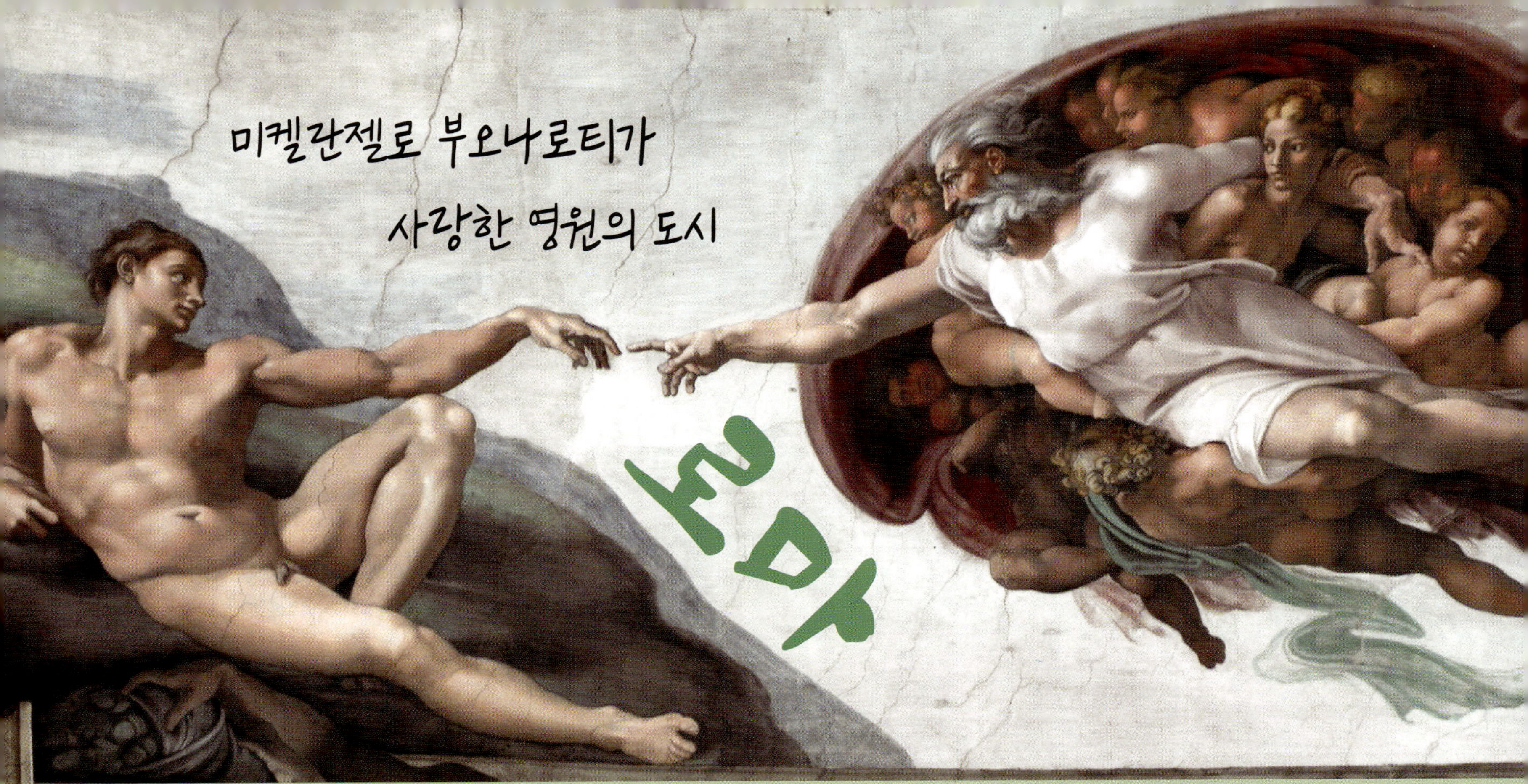

ⓒ 위키피디아

천장화 중 〈아담의 창조〉 부분이에요.

1508년 교황 율리우스 2세는 미켈란젤로에게 바티칸에 있는 시스티나 예배당의 천장화를 주문했어요. 서른세 살의 미켈란젤로는 젊은 거장으로 소문이 자자했어요. 어쩐 일인지 미켈란젤로는 교황의 부름에 미적거리며 선뜻 로마에 가려 하지 않았어요. 1505년에 교황이 자신의 거대한 무덤을 지으라는 일을 느닷없이 취소해서 화가 났거든요. 미켈란젤로는 자신은 화가가 아닌 조각가라며 변명을 둘러대기도 했어요.

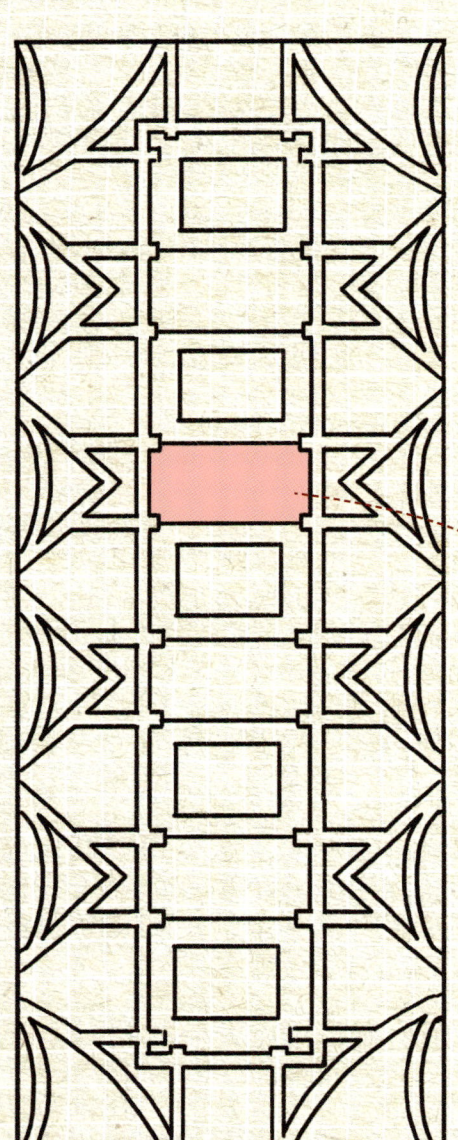

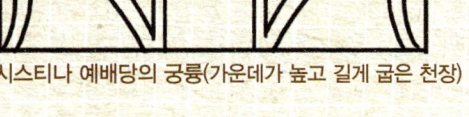

시스티나 예배당의 궁륭(가운데가 높고 길게 굽은 천장)

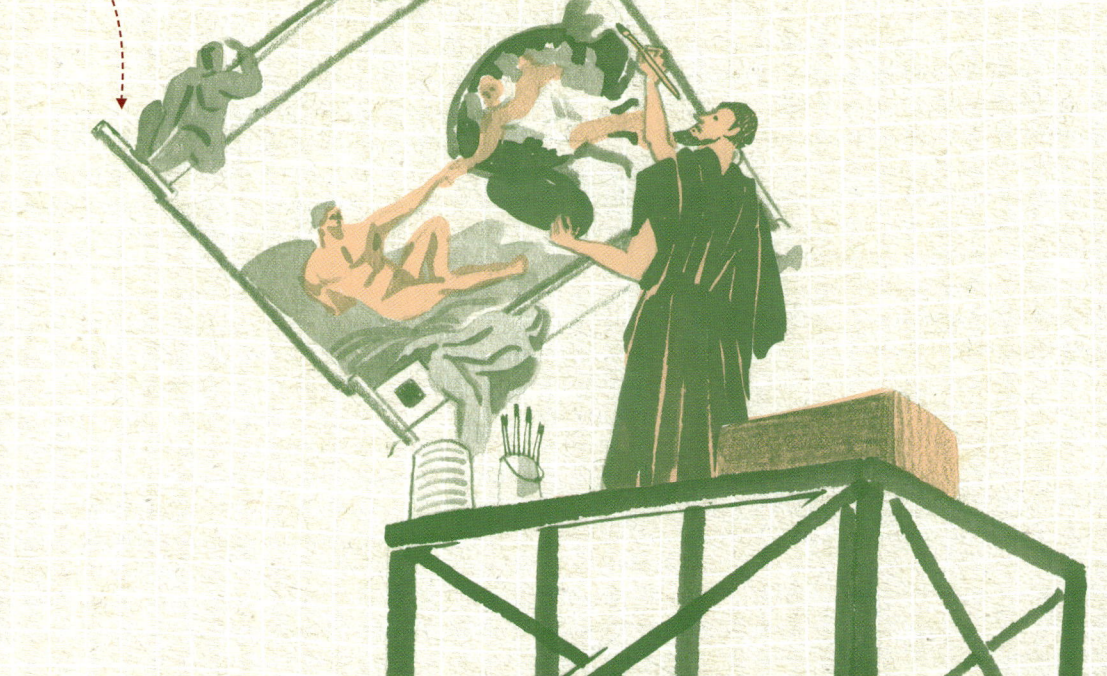

고집 세고 불 같은 성격의 미켈란젤로도 교황의 끈질긴 요구와 주위의 설득에 마지못해 로마로 갔어요. 당시 시스티나 예배당의 벽면에는 그림이 그려져 있었지만 무지개처럼 굽은 천장인 '궁륭'은 텅 비어 있었어요.

갑자기 어떤 영감이 이 위대한 천재의 마음을 움직였을까요? 미켈란젤로는 아무도 얼씬거리지 못하게 하고는 시스티나 예배당에 틀어박혀서 제2의 '천지 창조'를 완성했어요. 천장화를 그리기 위해서 받침대에 올라서서 위를 보며 4년 동안 작업을 했지요. 아담의 손과 하나님의 손이 스치기 직전의 순간을 그린 〈아담의 창조〉를 보면 경이로운 상상력에 숨이 막힐 지경이지요. 제단 쪽 벽에는 〈최후의 심판〉을 그렸어요.

시스티나 예배당은 미켈란젤로의 위대한 작업을 찬탄하는 사람들로 늘 웅성거려요. "쉿! 조용히 하세요!"라는 방송이 자주 나올 정도예요.

제단 쪽 벽에 그린 〈최후의 심판〉이에요.

ⓒ 위키피디아

조용히 하세요!

〈미켈란젤로〉, 다니엘르 다 볼테라, 1544년경.
88.3×64.1cm, 메트로폴리탄 미술관

미켈란젤로 부오나로티

미켈란젤로 부오나로티(1475~1564)는 이탈리아의 조각가, 화가, 건축가이자 시인이에요. 르네상스의 삼대 거장 중 한 사람이지요.

1475년 3월 6일, 이탈리아 중부의 작은 도시인 카프레세에서 태어났어요. 지금은 미켈란젤로를 기리기 위해 카프레세 미켈란젤로 이름이 바뀌었지요. 아버지는 카프레세 시장이었고 집안은 부유했어요. 미켈란젤로는 주로 피렌체와 로마에서 일했어요. 피렌체에서 '다비드'를 완성해서 일찍이 천재성을 인정받았지요. 천재 레오나르도 다 빈치와 맞수로서 피렌체 시청의 벽화를 의뢰받을 정도로 미켈란젤로는 젊은 시절부터 성공한 예술가였어요.

로마에는 미켈란젤로의 흔적이 짙게 남아 있어요. 1536년 로마의 심장부, 쥬피터의 신전이 있던 캄피돌리오 광장을 오묘한 원근법으로 재설계했어요. 광장에는 '코르도나타'라는 계단이 있는데, 위로 올라갈수록 계단 폭을 넓게 만들어 밑에서 올려다보아도 폭이 일정한 '착시 효과'를 노렸다고 해요. 이 외에도 성 베드로 성당의 조각상 '피에타'와 성 베드로 성당의 돔을 완성했어요.

〈최후의 심판〉

시스티나 예배당
15세기에 교황 식스투스 4세를 위해 건설된 예배당이에요.
미켈란젤로의 천장화 〈천지창조〉와 벽화 〈최후의 심판〉으로 유명해요.

포폴로 광장
민중의 광장. 기원전 1세기에 아우구스투스가
이집트를 정복하고 가져온 36미터 높이의
오벨리스크가 우뚝 서 있어요.

판테온
로마의 모든 신에게 바친 신전이에요.
콜로세움과 더불어 고대 로마의 건물 중에서
잘 보존된 건축물이에요. 이탈리아를 통일한
비토리오 엠마누엘레 2세, 화가 라파엘로가
묻혀 있어요. 천장에 뚫린 지름 9미터의 구멍을
'판테온의 눈'이라고 불러요.

바티칸 시국
교황령에 속하는 아주 작은 국가예요.
전 세계 가톨릭의 총본부예요.

피에타
성 베드로 성당에 있는 조각상이에요.
아들 예수를 잃은 성모 마리아의 비탄스러운
모습을 담았어요. 피에타는 이탈리아어로
"자비를 베푸소서!"라는 뜻이에요.

베네치아 광장
로마 관광 1번지예요. 눈에 띄는 거대하고
새하얀 비토리오 엠마누엘레 2세 기념당
앞에 있는 광장이에요.

성 베드로 성당과 광장
성 베드로 성당과 그 앞에 있는 열쇠 모양의 광장이에요.
'천국의 열쇠'는 성 베드로를 상징하는 물건이에요.
이집트에서 가져온 오벨리스크가 광장 한가운데 우뚝 솟아 있어요.
부활절 같은 중요한 날에는 교황을 직접 보기 위해
전 세계에서 신도들이 몰려들어요.

테베레강

산탄젤로성
위에서 보면 별 모양인 '천사의 성'이에요. 천사 미카엘이 나타나
로마의 흑사병을 물리쳤다는 전설에서 이런 이름이 붙었대요.
테베레 강가에 있어요.

캄피돌리오 광장
미켈란젤로가 만든 광장이에요.

진실의 입
산타 마리아 인 코스메딘 성당 입구 벽에 있는
대리석 가면이에요. 진실을 말하지 않으면 손을 물린다는
전설이 내려와요. 영화 〈로마의 휴일〉에서 남녀 주인공이
손을 넣는 장면으로 유명해요.

Rome 로마

스페인 광장
스페인(에스파냐) 대사관이 있어서 붙여진 이름이에요.
영화 〈로마의 휴일〉에서 여주인공이 젤라토를
먹는 장면의 배경으로 유명해요.

트레비 분수
바다의 신 넵투누스의 조각상이 있는
분수예요. 등을 돌린 채 동전을 던지면
다시 로마에 올 수 있다는 전설이
있어요. 관광객이 던진 동전은
자선 단체에 기부한대요.

퀴리날레 궁전
이탈리아 대통령 궁이에요.
로마의 7언덕 중 가장 높은
퀴리날레 언덕에 있어요.

로마는 '영원의 도시'라고 불려요. 이천 년 전 고대 로마
제국의 수도였으며, 15세기 이래 르네상스와 바로크 예술의
중심지였고, 지금은 이탈리아의 수도이지요. 전설에 따르면,
로마의 시조인 로물루스와 레무스 형제는 늑대 젖을 먹고
자랐다고 해요. 형제간 다툼에서 승리한 로물루스가 테베레
강가의 일곱 언덕 중의 하나인 팔라티노 언덕에 제 이름을
딴 '로마'라는 도시 국가를 세웠어요. 로마는 지중해 세계를
통일하며 강성한 제국을 이루었지요. 로마 제국 시절의 대표적인
유적으로는 판테온과 콜로세움이 있어요.

로마에는 바티칸 시국이 있어요. 바티칸은 옛날 교황령의
흔적이에요. 교황이 다스리는 도시 국가이며 전 세계 가톨릭
성당의 총본부예요. 바티칸에는 르네상스 삼대 거장인
라파엘로, 미켈란젤로, 레오나르도 다빈치의 위대한 작품들과
라오콘, 팔각 정원, 지도의 방 같은 진귀한 작품들이 모여 있어
전 세계 관광객들의 발길이 끊이지 않아요.

포로 로마노
팔라티노 언덕에 자리한 고대 로마의 중심지예요.
신전, 공회당, 원로원, 시장 같은 도시의 공공 생활을 맡은 공간이에요.
지금은 폐허에 가깝지만 남아 있는 건물들을 통해
고대 로마 제국의 영광을 엿볼 수 있어요.

테르미니역
로마의 기차역이에요. 29개의 플랫폼을 갖추고 있어
유럽에서 규모가 큰 기차역으로 손꼽혀요. 지붕의 이중
커브 구조 때문에 공룡이라는 별명이 붙었어요.

콘스탄티누스 개선문
로마 황제 콘스탄티누스 1세가 전쟁의
승리를 기념하기 위해 세운 문이에요.
파리의 개선문은 이 문을 본떠 지은 거예요.

콜로세움
고대 로마 제국의 원형 경기장이에요. 가장 오래된 로마의 도로인
아피아 가도를 걸어 콘스탄티누스 개선문을 지나면 나와요.
불을 밝힌 밤의 모습이 멋져요.

카라칼라 욕장
고대 로마의 목욕탕 유적이에요. 한여름
밤엔 무대를 만들어 오페라를 상연해요!

비토레 카르파치오가 사랑한 바다 위의 도시
베네치아

〈성 십자가의 기적〉, 1494, 캔버스에 유채, 389×365cm, 아카데미아 미술관

1494년 카르파치오는 리알토 다리 옆에서 벌어진 기적을 그렸어요. 〈성 십자가의 기적〉이란 대주교가 예수를 못 박은 십자가 조각으로 미치광이를 치료한 일이었어요. 이 그림은 십자가 조각을 보관한 '사도 요한을 위한 스쿠올라*'를 장식할 대형 벽화였지요.

십자가의 기적이 벌어지는 사건은 그림의 왼쪽 위에 작게 그려져 있고, 정작 이 그림의 주인공은 리알토 다리였어요. 카르파치오가 기적을 그린 성화 속에 베네치아의 풍경과 사람을 슬쩍 감춰 두는 수법을 썼거든요.

현재 우리가 볼 수 있는 대리석으로 만든 다리가 1592년에 세워지기 전까지, 리알토 다리는 나무다리였어요. 큰 배가 지나갈 때 다리의 가운데 부분이 양쪽으로 열려 올라가는 도개교였지요. 카르파치오 덕분에 우리는 리알토 다리가 나무다리였을 때의 모습을 마치 사진처럼 볼 수 있어요.

리알토 다리 밑으로 곤돌라의 노를 노련하게 젓는 뱃사공들이 보여요. 그 가운데 흑인 뱃사공이 눈길을 끌어요. 배에 탄 깜찍한 털북숭이 흰 강아지는 귀부인들한테 사랑받은 볼로냐산 개랍니다. 멀리 중세 베네치아의 거꾸로 선 원뿔 모양의 굴뚝들, 귀족들이 세운 탑, 리알토 다리 양옆으로 늘어선 귀족들의 저택인 팔라초와 상점들도 보여요. 이 중에서 1505년에 화재로 무너진 독일 상인조합 건물도 볼 수 있어요. 그림 속에 등장하는 수많은 인물들을 통해 그 시절 베네치아에 살았던 사람들을 마주할 수 있어요.

베네치아를 사랑한 화가, 카르파치오의 정교한 붓끝에서 500여 년 전 베네치아 거리와 건물과 사람들이 되살아났어요. 그림을 보고 있노라면 곤돌라 뱃사공들의 노랫소리가 귓가에 맴도는 듯해요.

* 스쿠올라 : 이탈리아에서 수호성인을 한 명씩 모신 상인들의 친목 단체.

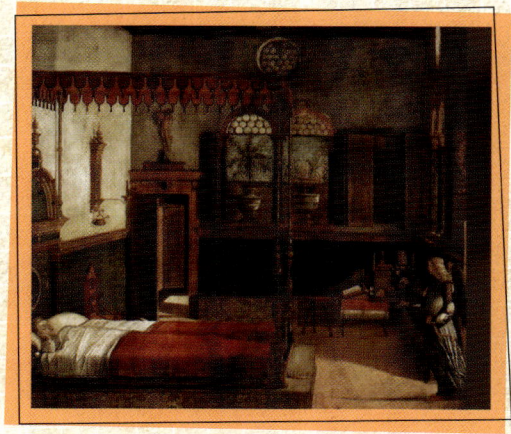

〈성 우르술라의 꿈〉, 1495년, 274×267cm, 아카데미아 미술관
〈성 우르술라 전설〉 연작 중에서 〈성 우르술라의 꿈〉은 15세기 베네치아 상류층 여성이 사는 단아한 방의 가구와 실내 장식을 고스란히 보여 주고 있어요.

카르파치오
익히지 않은 쇠고기나 회를 이용한 이탈리아 요리예요. 빨간색과 흰색을 많이 사용한 비토레 카르파치오의 그림과 비슷하다고 해서 붙여진 이름이에요.

비토레 카르파치오

비토레 카르파치오(1465?~1525?)는 이탈리아의 베네치아파에 속하는 화가예요. 베네치아에서 가죽 상인의 아들로 태어났어요. 베네치아 화파의 수장인 라차로 바스티아니 밑에서 그림 공부를 했어요. 젠틸레 벨리니의 영향을 받은 것으로 알려졌어요.

주요 작품은 1490~1519년 사이에 그려져서 초기 베네치아 르네상스의 걸작으로 손꼽혀요. 이탈리아 르네상스 화가라고 하지만 화풍은 정밀한 묘사를 주로 하는 플랑드르파의 영향을 받은 것으로 알려져 있어요.

아홉 점으로 구성된 연작 〈성 우르술라 전설〉이 가장 유명해요. 카르파치오는 종교를 주제로 그리면서도 당시 베네치아의 건물이나 풍물을 배경으로 화려한 색채를 담은 일종의 풍속화를 만들었어요.

〈비토레 카르파치오〉, 1700년경

산타 마리아 디 나자레스 교회

운하를 따라 늘어선 건물

리알토 다리
대운하에 최초로 놓인 다리예요. 다리 주변으로 팔라초, 고급 상점, 카페가 빽빽하게 들어서 있어요. 다리 위로는 구름처럼 모여든 관광객들이 있고, 다리 아래로는 관광객을 실은 곤돌라가 지나가요.

산타 마리아 델라 살루테 성당
성모 마리아를 위한 성당이에요. 1630년 유행한 흑사병을 물리치고자 세운 성당이에요. 커다란 돔과 하얀 대리석 건물이 햇빛을 받으면 환하게 빛나요.

카날 그란데(대운하)
벙어리 장갑을 끼고 양손을 잡은 듯한 베네치아 본섬을 관통해서 흐르는 운하예요.

아카데미아 미술관
빛과 색채를 강조한 베네치아파의 수많은 그림이 전시된 미술관이에요. 이곳에 레오나르도 다빈치의 인체 비례도가 있어요.

인체 비례도

스쿠올라
부유한 스쿠올라(종교나 무역을 위해 조직된 형제회)는 예술가를 후원하거나 유명 화가들을 불러 스쿠올라를 장식하는 그림을 그리게 했어요.

베네치아 가면 축제
베네치아에서 매년 1월 말에서 2월 사이에 열리는 유명한 축제예요. 화려한 가면들이 볼 만하지요.

곤돌라
뱃사공인 곤돌리에들은 곤돌라를 몰면서 멋진 노래를 불러요.

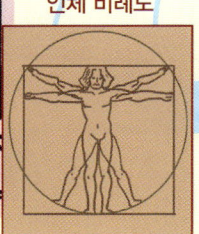

수상 버스 바포레토
대운하를 운행해요. 버스 정류장마다 수상 버스를 말뚝에 고정시키고, 손님을 안내하는 안내원이 있어요.

베네치아
venezia

바다 위에 둥둥 떠 있는 도시라니! 베네치아는 눈앞에서 바라봐도 불가사의한 느낌이 드는 도시예요. 이탈리아 동북부 베네토주에 속해요. 118개의 섬이 180개의 작은 운하와 400개가 넘는 다리로 연결돼 있어요. 대운하가 베네치아의 중심 도로라면 작은 운하들은 베네치아의 곳곳을 연결하는 골목길 역할을 해요.

5세기 중반, 유럽으로 이동한 훈족을 피해 도망친 베네토 주민들이 본토에서 멀지 않은 석호(모래나 흙이 쌓여 바다가 막혀 형성된 큰 호수와 같은 바다)에 수백만 개의 나무 말뚝을 박아 건설한 해상 도시예요. 이들은 물길의 폭이 가장 좁은 곳에 리알토 다리를 놓았어요. 리알토 다리는 1524년까지는 나무다리였지만 자주 무너지자 1592년 대리석 다리로 교체했어요. 리알토 다리는 상업과 금융, 해외 무역의 중심지로, 베네치아의 역사가 시작된 곳이에요. 이 유명한 다리는 셰익스피어의 〈베니스의 상인〉에도 등장하지요.

중세에 베네치아 공화국은 후추를 비롯한 지중해 무역의 중심지로 번영을 누렸어요. 하지만 신대륙의 발견으로 무역의 주도권이 대서양으로 넘어가자 내리막길을 걷다가, 1797년 나폴레옹의 공격을 받아 멸망했어요. 그 후 이탈리아에 합병되었어요. 지금은 온난화로 인해 섬 전체가 가라앉고 있고 넘쳐나는 관광객들로 몸살을 앓고 있어요.

산 마르코 성당
베네치아의 수호성인인 산 마르코를 위한 성당이에요. 성당 입구에 놓여 있는 네 마리의 청동 말 조각상은 고대 그리스에서 만든 것이에요. 십자군 전쟁 때 콘스탄티노플에서 약탈해 왔어요.

산 마르코 광장
베네치아의 눈에 띄는 장소예요. 나폴레옹이 '유럽의 응접실'이라고 불렀어요. 베네치아의 주요 건물, 성당과 유서 깊은 카페가 몰려 있어요.

산 마르코 성당의 종탑
10세기경 처음 세워질 때는 바다를 오가던 배를 위한 등대 역할을 했어요. 16세기에 98.6미터로 거대한 탑이 되었어요. 20세기에 무너졌다가 다시 세워졌어요.

카페 플로리안
1720년에서 문을 연 베네치아에서 가장 오래된 카페예요. 산 마르코 광장에 있어요. 고풍스러운 실내 분위기가 멋져요. 괴테, 카사노바, 나폴레옹, 바이런이 즐겨 찾던 곳이에요.

탄식의 다리
두칼레궁과 감옥을 연결하는 다리예요. 중형을 선고 받은 죄수들이 이 다리를 건너면 다시는 베네치아를 볼 수 없다고 탄식한 데서 붙여진 이름이에요.

두칼레궁
베네치아를 통치하는 도제(총독)의 궁이에요. 문 위에 있는 날개 달린 사자는 베네치아의 상징이에요.

산 조르지오 마조레 성당
팔라디오가 설계한 성당이에요. 이 성당의 종탑에 오르면 맞은편에 산 마르코 광장 일대가 한눈에 내려다보여요.

단테 알리기에리가 사랑한 꽃의 도시 피렌체

폰테 산타 트리니티. 피렌체 한복판을 흐르는 아르노강 위에 놓인 우아한 다리지요. 폰테(ponte)는 다리라는 뜻의 이탈리아어예요. 1283년 5월 1일, 열여덟 살 단테는 이 다리 모퉁이에서 그토록 연모하던 베아트리체와 우연히 마주쳤어요. 아홉 살 단테가 한 살 어린 베아트리체에게 첫눈에 반한 뒤로부터 아홉 해가 흐른 뒤였지요. 그 자리에 얼어붙은 단테는 "그 순간이 지극히 행복했노라."고 나중에 적었어요.

베아트리체를 향한 단테의 순수한 짝사랑은 스물네 살에 베아트리체가 세상을 떠나면서 쓸쓸하게 막을 내렸어요. 하지만 베아트리체는 단테가 작품 활동을 하는 데 절대적인 영감을 주는 '뮤즈(예술의 아홉 여신)' 역할을 했지요. 불후의 명작 〈신곡〉에서 베아트리체는 단테를 연옥*에서 천국으로 이끄는 안내자로 모습을 드러냈어요.

* 연옥 : 죽은 사람의 영혼이 천국에 들어가기 전에 남은 죄를 씻기 위해서 불로 단련 받는 곳.

〈단테와 신곡〉. 도메니코 디 미켈리노, 1465년
이 그림의 오른쪽에 피렌체 성당이 있어요. 그림 속 단테는 왼손에 〈신곡〉을 들고 있고, 오른손은 지옥을 가리키고 있어요.

단테는 베아트리체를 처음 만난 뒤 아홉 해가 흐른 뒤 피렌체의 다리 모퉁이에서 우연히 마주쳤어요.

단테 알리기에리

〈단테 알리기에리〉, 산드로 보티첼리, 1495년

단테 알리기에리(1265~1321)는 지금의 이탈리아 피렌체 출신의 시인이에요. 단테는 피렌체 공화국에서 태어나서 피렌체 사람으로 살다가 피렌체에서 쫓겨났어요. 당시 피렌체에서는 황제당과 교황당이 서로 치열한 권력 투쟁을 벌였어요. 정치 싸움의 소용돌이에서 단테는 피렌체에서 사형 선고를 받고 추방당했지요. 그 뒤, '유랑 시인'이 되어 이곳저곳을 떠돌면서 〈신곡〉을 썼어요.

단테는 끝내 피렌체로 돌아오지 못하고 라벤나에서 죽었어요. 나중에 피렌체는 단테의 시신을 되찾으려고 노력하지만 라벤나는 시신을 철저히 숨기고 돌려주지 않았어요.

단테는 〈신곡〉의 첫 부분에서 고향으로 돌아가고 싶은 절절한 마음을 노래했어요.

> "시인이 되어 나 그곳으로 돌아가리. 그곳 세례당 우물가에서 월계관을 쓰리."
>
> —단테의 〈신곡〉에서

우리는 〈신곡〉을 어렵고 지루하게 여기곤 하지요. 하지만 〈신곡〉은 피비린내 나는 피렌체의 정치 싸움에 휘말린 단테의 삶이 고스란히 담겨 있는 자서전이자 단테의 영원한 여인 베아트리체에게 바치는 시였지요.

피렌체 곳곳에 단테의 흔적이 많이 남아 있어요. 단테가 세례를 받은 세례당, 단테와 베아트리체가 처음 만난 성당, 어릿광대가 〈신곡〉을 읽어 주는 단테의 집, 단테의 조각상……

피렌체 거리, 특히 중세의 흔적이 짙은 코르소 거리를 거니노라면 문득 단테의 숨결을 느낄 수 있답니다. 마차를 타고 하루에도 몇 번씩 이 거리를 지나쳤을 단테를 떠올리며!

단테의 〈신곡〉은?

〈신곡〉의 원래 제목은 〈희곡〉이었어요. 로마 시인 베르길리우스의 안내로 지옥에서 시작되어 연옥으로, 다시 천국에서 끝나며 희망을 노래했기 때문이었지요. 나중에 '신성한'이라는 형용사가 붙어 신성한 희곡, 즉 〈신곡〉이 된 거예요. 이 작품은 중세 시대에 상류층이 쓰는 라틴어가 아닌 보통 사람들이 쓰는 토스카나 지방의 말로 쓰인 점에서 이탈리아 문학의 꽃으로 손꼽히고 있어요.

산타 마리아 노벨라역
이탈리아 북부와 남부를 잇는 피렌체의 기차역이에요.

곱창버거

피렌체 중앙 시장
'비스테카 알라 피오렌티나'로 알려진 피렌체 티본스테이크 식당도 많아요. 명물 곱창버거도 꼭 먹어 보세요. 주변에 가죽 제품으로 유명한 시장이 있어요.

Firenze 피렌체

산타 마리아 노벨라 성당
도미니크 수도회의 성당이에요. 최초로 원근법을 사용한 그림인 마사초의 〈성 삼위일체〉를 보려는 관광객들로 붐비는 곳이지요.

산 로렌초 성당
메디치 가문의 인물들이 모두 묻힌 곳이에요. 메디치궁과 가까운 곳에 있어요.

메디치궁
메디치 가문 사람들이 살던 곳이에요.

코시모 1세의 청동 기마상
코시모 1세는 피렌체를 통치한 인물이에요. 시뇨리아 광장에서 볼 수 있어요.

피렌체는 이탈리아 중부 토스카나주의 중심지예요. 메디치 가문의 후원으로 활짝 핀 르네상스의 본고장이지요. 메디치 가문의 소장품을 모은 우피치 미술관에는 보티첼리, 레오나르도 다빈치, 미켈란젤로 같은 르네상스 거장들의 작품이 전시되어 있어요.

피렌체를 한눈에 내려다볼 수 있는 미켈란젤로 광장에 오르면 피렌체를 상징하는 붉은 두오모의 쿠폴라(돔)가 가장 먼저 눈에 띄어요. 그리고 유유히 흐르는 아르노강, 베키오 다리, 조토의 종탑, 베키오 궁전…… 피렌체는 봄날 활짝 핀 꽃처럼 아름다운 도시라는 느낌이 들어요.

피렌체가 '꽃의 도시'가 된 사연은 좀 달라요. 기원전 1세기경, 로마의 카이사르가 피렌체의 아르노강을 따라 꽃이 핀 모습을 보고 이 도시를 꽃피는 곳, 플로렌티아라고 부른 데서 비롯하지요.

피렌체는 단테를 추방한 미안함에 시신도 없는 묘와 동상을 만들어 단테를 기리고 있어요. 피렌체에 남아 있는 단테의 흔적을 찾아보아요.

아르노강

산타 트리니티 다리
아르노강에 있는 다리 중 하나예요.

베키오 다리
원래 푸줏간이 있었는데, 악취가 난다고 쫓아냈어요. 지금은 다리 양쪽으로 보석 상점이 들어서 있어요. 우피치 궁전에서 아르노강 남쪽의 피티 궁전을 잇는 비밀 통로인 '바사리 회랑'이 베키오 다리를 지나가요.

피티 궁전
피티 가문에 의해 세워졌다가 메디치 가문으로 팔린 궁전이에요. 지금은 미술관으로 사용되고 있어요. 궁전 안의 보볼리 정원은 프랑스의 베르사유 정원에 영향을 주었대요.

다비드상
아카데미아 미술관
미켈란젤로의 '다비드'가 있는 미술관이에요. 소년 다비드가 골리앗을 겨냥해 투석기를 어깨에 짊어지고 긴장한 순간의 모습이에요.

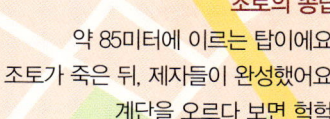
조토의 종탑
약 85미터에 이르는 탑이에요. 조토가 죽은 뒤, 제자들이 완성했어요. 계단을 오르다 보면 헉헉!

브루넬레스키의 돔
42미터에 이르는 거대한 팔각형 돔이에요. 돔의 크기가 거대해서 오랫동안 건축물을 완성하지 못하다 브루넬레스키의 설계로 완성되었어요.

코르소 거리
어린 단테가 마차를 타고 다니던 거리예요. 단테의 집이 있어요. 가끔씩 보이는 중세 시대 건물을 찾아보세요.

산 조반니 세례당
피렌체의 수호성인인 산 조반니(세례 요한)에게 바쳐진 육각형의 건물이에요. 단테가 세례받은 곳이지요. 기베르티가 만든 세례당의 동쪽 문은 '천국의 문'으로 알려져 있어요.

산타 마리아 델 피오레 성당
'꽃의 성모 마리아'라는 이름의 성당이에요. 보통 피렌체 두오모라고 불러요.

산타 마르게리타 성당
단테가 베아트리체를 만난 곳이에요. 베아트리체의 무덤이 있는 곳이기도 해요.

단테의 집
코르소 거리에 있는 단테 박물관이에요. 단테 시대의 인물로 분장하고 단테의 〈신곡〉을 읽어 주는 어릿광대가 있어요.

로지아 데이 란치
시뇨리아 광장의 야외 전시장이에요. 3개의 아치가 있는 회랑 건물에 첼리니의 〈페르세우스〉를 비롯한 15개의 조각품들이 전시되어 있어요.

산타 크로체 성당
피렌체를 빛낸 위인들의 무덤이 있는 성당이에요. 미켈란젤로, 갈릴레오, 마키아벨리의 무덤이 있어요. 단테의 무덤도 있지만 빈 무덤이고 진짜 묘는 라벤나에 있어요. 성당 앞의 거대한 단테 동상이 단테를 쫓아낸 피렌체의 미안함을 대신 말해 주는 것 같아요.

베키오 궁전
메디치 가문에서 공화국 청사로 지은 건물이에요. 미켈란젤로의 다비드상이 입구에 세워져 있었대요. 지금은 복제품으로 교체되었어요. 현재 피렌체 시청사로 사용하고 있어요.

시뇨리아 광장의 넵튠 분수
시뇨리아 광장은 베키오 궁전 앞에 있어요. 과격한 종교 개혁을 시도한 수도사 사보나롤라가 처형된 곳임을 알리는 동판이 바닥에 있어요.

우피치 미술관
아르노 강가에 자리한 미술관이에요. 보티첼리의 〈비너스의 탄생〉을 비롯한 르네상스 시대 걸작들이 전시되어 있어요. '우피치'는 이탈리아어로 사무실이란 뜻이지요.

미켈란젤로 광장
이곳에 올라서면 피렌체 시내가 한눈에 내려다보여요.

레오나르도 다빈치가 사랑한 멋의 도시 밀라노

1482년 10월, 한 잘생긴 젊은이가 밀라노 공작 스포르차의 궁을 찾아갔어요. 젊은이의 손에는 자신이 직접 발명한 말머리 모양의 현악기가 들려 있었지요. 젊은이는 스포르차 공작이 군사 공학자를 찾고 있다는 소문을 진작에 들었어요. 밀라노 방문 전에, 다리와 무기를 만들 수 있는 뛰어난 공학자로 자신을 부풀려 소개하며 공작에게 일자리를 부탁하는 편지를 보내 두었어요. 이 편지는 직접 쓴 게 아니라, 전문 작가의 손을 빌려 작성한 거였지요.

　스포르차 공작은 젊은 레오나르도 다빈치를 화가이자 공학자로 채용했어요. 그러고 나서 산타 마리아 델레 그라치에 성당의 식당에 벽화를 그리도록 명령했지요. 그 벽화가 세계 최고의 걸작으로 칭송받는 〈최후의 만찬〉이에요.

〈최후의 만찬〉, 1495~1498년경, 회벽에 유채와 템페라, 460×880cm, 산타 마리아 델레 그라치에 성당

레오나르도 다빈치

〈자화상〉, 1510~1515년경, 튜린 박물관

레오나르도 다빈치(1452~1519)는 이탈리아 르네상스를 대표하는 위대한 화가이자 창조적인 과학자였어요. 손을 대지 않은 분야가 없을 정도로 해부학, 식물학, 도시 계획, 음악, 발명에 재능이 있었어요.

다빈치는 피렌체에서 가까운 작은 마을 빈치에서 사생아로 태어났어요. 피렌체, 밀라노, 로마, 앙부아즈를 떠돌며 살았어요. 1516년 프랑스 프랑수아 1세의 초청을 받은 인연으로 세상에서 가장 인기 있는 그림 〈모나리자〉를 그렸어요. 〈모나리자〉는 현재 루브르 박물관에 있답니다.

레오나르도 다빈치 국립과학기술박물관에 가면 다빈치가 발명한 온갖 도구들이 있어요. 그중에서 새의 날개를 흉내 낸 비행 도구가 움직이는 모습이 가장 눈에 띄지요. 하지만 다빈치에게도 결점이 있었지요. 이리저리 손을 댔을 뿐 끝까지 완성한 작품은 그리 많지 않았다고 해요.

"너희 중에 한 사람이 날 배반할 것이다."
예수의 충격적인 말에 열두 제자가 놀라는 반응을 세 사람씩 무리지어 표현한 그림이지요. 유다를 따로 그리지 않고 제자들의 무리 속에 끼워 넣은 것도 새로운 시도였어요. 다빈치는 하루 종일 받침대 위에 올라가 이 그림을 바라보았다고 해요. 열두 제자들의 반응을 제각기 표현한 이 그림에는 인간에 대한 다빈치의 깊은 이해가 담겨 있어요.

다빈치는 17년 동안 밀라노에 머물며 청동 기마상, 밀라노의 도시 계획, 밀라노 대성당 재건축 계획, 무기 제작에 손을 댔지만 실제로 완성한 건 작은 기계들뿐이었어요. 하지만 밀라노 시절에 〈최후의 만찬〉, 〈암굴의 성모〉, 〈흰 족제비를 안은 여인〉 같은 최고의 그림을 완성했어요. 〈암굴의 성모〉에서는 〈모나리자〉에서 볼 수 있는 대기원근법, 스푸마토* 기법이 첫선을 보이지요.

〈모나리자〉, 15세기경, 77×53cm, 루브르 박물관

〈흰 족제비를 안은 여인〉, 1489~1490, 54×38cm, 차르토리스키 박물관

* 스푸마토 : 색깔 사이의 경계선을 부드럽게 하는 음영법.

〈암굴의 성모〉, 1495~1508, 189.5×120cm, 내셔널 갤러리

천재적인 재능을 가진 다빈치
다빈치는 피렌체의 베로키오 공방에서 수업을 받을 때부터 천재성을 인정받았어요. 베로키오와 같이 작업한 〈그리스도의 세례〉를 보면 스승을 훌쩍 뛰어넘는 천재성을 확인할 수 있지요. 그림 왼쪽의 두 천사가 다빈치가 그린 부분이라고 추정해요. 제자의 천재성을 눈치챈 베로키오는 그 뒤로 그림을 그만두고 조각에 전념했다고 해요.

〈그리스도의 세례〉, 안드레아 델 베로키오, 1472~1475년경, 151×177cm, 우피치 미술관

Milano 밀라노

산시로 경기장
정식 이름은 스타디오 주세페 메아차예요. 이탈리아 명문 축구 클럽인 FC인테르나치오날레 밀라노와 AC밀란의 홈 구장이에요.

스포르체스코성
밀라노 공작 스포르차의 성채예요. 미켈란젤로가 결국 완성하지 못한 최후의 작품 '론다니니의 피에타'가 있어요. 지금은 박물관과 미술관으로 사용하고 있어요.

밀라노는 이탈리아 북부 롬바르디아주의 중심지예요. 1870년 이탈리아가 통일을 이루면서 수도를 로마에 내주긴 했지만, 밀라노 공국 시절부터 정치, 경제, 문화적으로 강력한 도시 국가였어요. 지금도 이탈리아에서 가장 부유한 경제 중심 도시예요.

흰 대리석이 빛나는 세계 최대의 고딕 성당* 두오모는 밀라노의 부유함과 강성함을 대표하는 건물이에요. 밀라노는 베르사체, 아르마니, 구찌의 본사가 있는 '패션의 도시'이기도 하지요. 밀라노의 패션 중심지인 몬테 나폴레오네를 걷다 보면 세련된 멋쟁이들을 만날 수 있어요. 심지어 남녀 경찰이 입은 유니폼조차 멋져 보여요.

밀라노에는 다빈치의 흔적이 곳곳에 남아 있어요. 라 스칼라 극장의 건너편에 있는 작은 광장에는 다빈치의 동상이 서 있어요. 오페라 작곡가인 베르디의 동상이 세워져 있을 것 같지만 뜻밖에 레오나르도 다빈치와 다빈치의 네 제자의 거대한 조각상이 있답니다. 그 조각상 아래에는 다빈치를 '예술과 과학의 개혁자'라고 소개한 청동 비문이 새겨져 있어요.

* 고딕 성당 : 골조와 뾰족탑이 있는 아치형 천장을 특징으로 하는 성당.

비토리오 에마누엘레 2세 기념비
1871년 이탈리아의 통일을 완성한 왕의 기마상이에요.

산타 마리아 델레 그라치에 성당
이 수도원 식당 벽에 레오나르도 다빈치의 걸작 〈최후의 만찬〉이 그려져 있어요. 성당 건물은 유네스코 세계 문화유산으로 올라 있어요.

레오나르도 다빈치 국립과학기술박물관
다빈치 탄생 500주년을 기념하여 1953년에 만든 박물관이에요. 다빈치 외에도 운송 수단, 어린이 과학 등 7개의 주제로 구성되어 있어요. 다빈치의 발명품들을 직접 체험할 수 있는 코너가 있어요.

트램

나빌리오 그란데 운하
밀라노 대성당을 세울 때, 무거운 대리석을 운반하기 위해 만든 운하예요. 지금은 레스토랑, 카페가 양쪽으로 늘어서 있어 야경을 즐기는 관광객으로 붐벼요. 매달 마지막 주 일요일에 열리는 골동품 벼룩시장이 유명해요.

산타 마리에 델 카르미네 성당
밀라노 거리를 거닐다 문득 눈에 띄는 건물이에요. 피렌체에도 같은 이름의 성당이 있어요.

브레라 미술관
로마의 바티칸 미술관, 피렌체의 우피치 미술관과 더불어 이탈리아 3대 미술관 중 하나예요. 미술관 마당 가운데에 나폴레옹의 동상이 우뚝 서 있어요. 주요 작품으로 원근법으로 유명한 만테냐의 〈죽은 그리스도〉, 벨리니의 〈피에타〉, 라파엘로의 〈마리아의 결혼〉이 있어요.

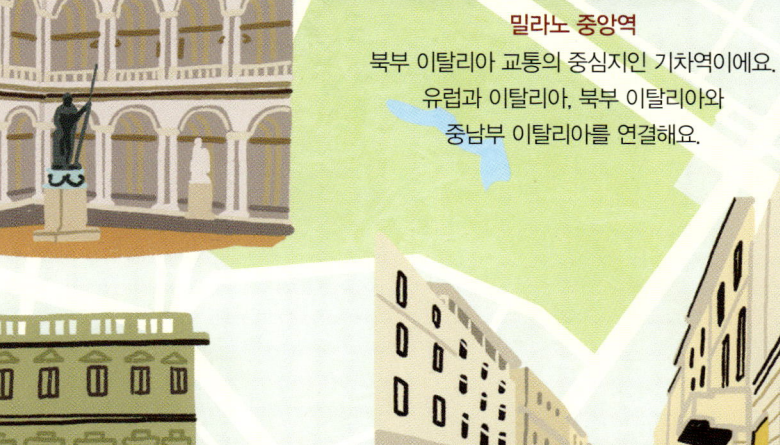

밀라노 중앙역
북부 이탈리아 교통의 중심지인 기차역이에요. 유럽과 이탈리아, 북부 이탈리아와 중남부 이탈리아를 연결해요.

마리노궁
밀라노 시의회의 아름다운 건물이에요. 1558년 부유한 은행가 마리노가 사랑하는 여인을 위해 건축가 갈레초 알레시에게 의뢰해서 세운 궁전이에요.

몬테 나폴리오네 거리
패션의 도시 밀라노를 대표하는 명품 거리예요. 고급 명품점 거리를 활보하는 세련된 이탈리아 멋쟁이들을 만날 수 있어요.

극장 내부

라 스칼라 극장
세계 오페라 1번지예요. 매년 12월 7일 시즌 개막 공연에는 한껏 치장을 한 유명 인사들을 취재하는 열기로 밀라노가 들썩거려요. 라 스칼라는 이탈리아어로 '사다리'라는 뜻이랍니다.

비토리오 에마누엘레 2세 갤러리아
1877년 완성된 호화로운 쇼핑몰이에요. 유리 지붕이 있는 아케이드 형식으로 되어 있어요. 두오모 광장과 라 스칼라 극장을 이어 주어요. 갤러리아의 바닥에 그려진 별자리 중에서 황소를 밟으면 소원이 이루어진다는 전설이 있어요.

레오나르도 다빈치 동상
라 스칼라 극장과 에마누엘레 2세 갤러리아 사이의 작은 광장에 있는 동상이에요. 밀라노가 다빈치의 도시라는 사실을 확인시켜 주지요. 다빈치 아래 네 명의 동상은 제자들이라고 해요.

밀라노 대성당
밀라노 교구의 중심이 되는 성당이에요. 보통 두오모라고 불러요. 14세기부터 600여 년에 걸쳐 완성되었어요. 이탈리아에서 흔치 않은 고딕 성당이에요. 성당 앞에 서면 웅장함과 화려함에 입이 다물어지지 않아요.

조아키노 로시니가 사랑한 음악의 도시 볼로냐

〈세비야의 이발사〉를 직접 들어 보세요!
모차르트의 〈피가로의 결혼〉(1786)과 로시니의 〈세비야의 이발사〉(1816)는 코믹한 내용의 오페라(오페라 부파)인데, 피가로와 알마비바 백작이 동시에 등장해요. 이야기의 순서상 〈세비야의 이발사〉가 먼저인데, 작곡 시기는 30년 뒤라는 사실이 재밌어요.

> "나는 이 마을의 해결사라네!
> 난 제일가는 이발사! 하지만 무슨 일이 생기면
> 피가로! 피가로! 피가로! 여기저기서 날 찾지!"

오페라를 잘 몰라도 "피가로~~~!"를 목청껏 길게 뽑아 대는 〈세비야의 이발사〉의 이 대목은 한번쯤 들어봤을 거예요. 로시니는 고작 스물네 살에 천재성을 발휘해서 단 20일 만에 이 오페라를 작곡했어요.

로시니는 여섯 살 때 가족과 함께 볼로냐로 이주했어요. 로시니가 태어나기 전부터 볼로냐는 이탈리아에서 최고의 '음악 도시'로 명성을 떨쳤었어요. 신동 모차르트도 볼로냐 음악원을 잠시 거쳐 갔지요. 로시니는 여덟 살 때부터 그 볼로냐 음악원에서 첼로를 전공하며 모차르트와 하이든의 음악을 깊이 접했어요.

열네 살 때 성당에서 노래를 불렀는데, 타고난 목소리가 맑고 고와서 어머니가 뜯어말리지 않았다면 여성의 음역을 대신하는 '카스트라토'가 되었을지도 몰라요. 당시에 로시니는 모차르트를 잇는 천재 작곡가로 이름을 떨쳤으며, 베토벤의 인기를 능가하는 유명 작곡가였어요. 대중적인 인기를 엄청나게 누리고 갑부라고 할 정도로 돈도 많이 벌어서, 예술가로서 꽤 행복하게 살았어요.

로시니는 십 대 중반부터 오페라 작곡을 시작해 베네치아와 파리, 빈, 런던에 진출해서 스무 해 동안 왕성한 활동을 했어요. 하지만 음악적 시련이나 인생의 풍파를 겪을 때는 언제나 음악의 고향 볼로냐로 돌아왔어요. 게다가 볼로냐에는 맛있는 음식도 많아서 이 뚱뚱보 작곡가의 혀를 만족시켜 주었답니다.

조아키노 로시니

조아키노 로시니(1792~1868)는 이탈리아 페사로에서 트럼펫 연주자인 아버지와 가수인 어머니 사이에서 태어난 작곡가예요. 〈세비야의 이발사〉를 비롯한 오페라에서 두각을 나타냈다가 서른일곱 살에 〈빌헬름 텔〉을 마지막으로 돌연 은퇴했어요. '음악의 나폴레옹'이라고 불릴 정도로 대단한 천재 작곡가였는데, 음악 못지않게 뚱뚱보 미식가로도 유명해요. 로시니는 볼로냐에서는 트러플(송로버섯)이 들어간 요리를, 파리에서는 로시니를 위해 특별히 개발된 두툼한 스테이크에 푸아그라(오리나 거위 간)를 올린 로시니 스테이크를 전용 좌석에 앉아 느긋하게 즐겼다고 해요.

〈로시니 초상화〉, 빈첸조 카무치니, 밀라노 스칼라 박물관

Bologna 볼로냐

볼로냐는 이탈리아 에밀리아 로마냐주의 중심지예요. 밀라노, 베네치아, 피렌체를 잇는 이탈리아 중북부 교통의 요지이지요. 볼로냐에는 유독 별명이 많이 있어요. 세계 최초의 대학인 볼로냐 대학이 있어 '학문의 도시', 볼로네제 스파게티를 비롯해 맛난 음식이 많아 '뚱뚱보의 도시', 중세에 귀족들이 경쟁적으로 100여 개의 탑을 세웠다고 해서 '탑의 도시'라고 불리지요. 여기에 한 가지를 덧붙인다면, 로시니와 모차르트, 바그너, 마르티니 신부가 빛을 발하는 '음악의 도시'이기도 해요. 2006년에는 유네스코 음악의 도시로 지정됐어요. 볼로냐에는 '볼로냐의 양자'인 로시니를 기념하는 로시니 광장이 있어요.

바다의 신 넵투누스 분수
거대한 삼지창을 들고 있고 분수 아래에는 세이렌 조각상이 있어요.

코무날레 궁전(아쿠르시오 궁전)
볼로냐 시청사 겸 미술관이에요. 1287년부터 건물을 짓기 시작해서 15세기 중반까지 계속 확장하고 고쳐 지었어요.

볼로냐 국제 아동 도서전
해마다 4월에 볼로냐에서 열리는 국제 아동 도서전이에요. 우리나라 그림책 작가들도 활발하게 참가하고 있어요.

산 페트로니오 대성당
17세기 중반부터 18세기 초에 활동했던 '볼로냐 악파'의 중심지예요. 성당은 1390년 공사가 시작되었지만 정면 부분은 아직 완성되지 못했어요.

볼로네제 파스타
고기를 다져서 만든 볼로냐 소스를 넣어 만든 파스타예요. 볼로냐에서 만들어서 볼로네제라는 이름이 붙었어요.

볼로냐 국제 음악 박물관
서양 고전 음악 악기들이 전시되어 있어요. 서양 음악의 역사를 한눈에 볼 수 있지요.

포르티코(회랑)
13세기에 볼로냐 대학에서는 강의실 대신 포르티코에서 강의를 열었어요. 총 38킬로미터에 이르는 포르티코에서는 비를 피할 수 있어요. 볼로냐 대학의 학부가 모여 있는 베르디 광장 일대의 잠보니 거리에 있어요.

볼로냐 대학
1088년에 세워진 세계 최초의 대학이에요. '모든 학문을 한곳에 모았다.'는 뜻에서 라틴어 '우니베르시타스(universitas)'가 대학 '유니버시티(university)'로 되었어요. 단테, 페트라르카, 코페르니쿠스, 뒤러, 에코가 이 대학의 교수였어요.

탑 위로 가는 내부 계단을 올라가 보아요! 헉헉!

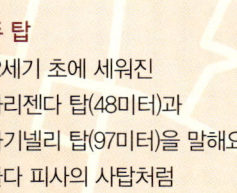

탑
세기 초에 세워진 리젠다 탑(48미터)과 기넬리 탑(97미터)을 말해요. 다 피사의 사탑처럼 간 기울어 있어요. 세에 귀족들이 쟁적으로 세운 탑 일부예요.

볼로냐 음악원(마르티니 아카데미 국립음악원)
옛 수도원을 개조한 음악원이에요. 로시니가 1806년부터 4년간 다녔어요. 이곳에서 모차르트도 마르티니 신부한테 직접 작곡을 지도 받았다네요!

로시니 광장
"이곳에 학생으로 들어왔다가, 음악과학의 왕자로 나간다. 볼로냐의 양자에게 볼로냐시는 로시니의 영광을 영원히 기념하여, 로시니의 이름을 따서 이 광장의 명칭을 붙인다."*라고 석판에 새겨져 있어요.
(* 이 라틴어 번역 문구는 정태남 교수의 논문에서 발췌해 인용했어요.)

로시니의 집
1824년 서른두 살의 로시니가 오페라에서 대성공을 거둔 뒤에 마련한 집이에요. 1848년 파리로 이사갈 때까지 살았어요.

마조레 광장
볼로냐 대광장이에요. 산 페트로니오 대성당과 날레 궁전에 둘러싸여 있어요. 지붕이 있는 회랑이 건물을 따라 설치되어 있어서 비를 맞지 않고 다닐 수 있어요.

아카데미아 필아르모니카
1666년 귀족 빈센조이 설립한 최고의 음악 연구 및 교육 기관이에요. 마르티니 신부의 작곡 지도가 유명했어요. 어린 모차르트가 이곳의 정회원으로 추대되기도 했어요.

하늘에서 내려다본 비첸차
한가운데 커다란 네모 모양 건물이 팔라디오가 수리한 대표적인 건축물 바실리카 팔라디아나예요.

테아트로 올림피코

팔라초 키베나

팔라초 티에네

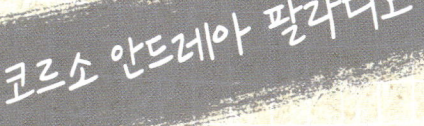
코르소 안드레아 팔라디오

팔라초 키에리카티

로지아 델 카피타니아토

바실리카 팔라디아나

팔라디오 조각상

안드레아 팔라디오가 사랑한 건축의 도시 **비첸차**

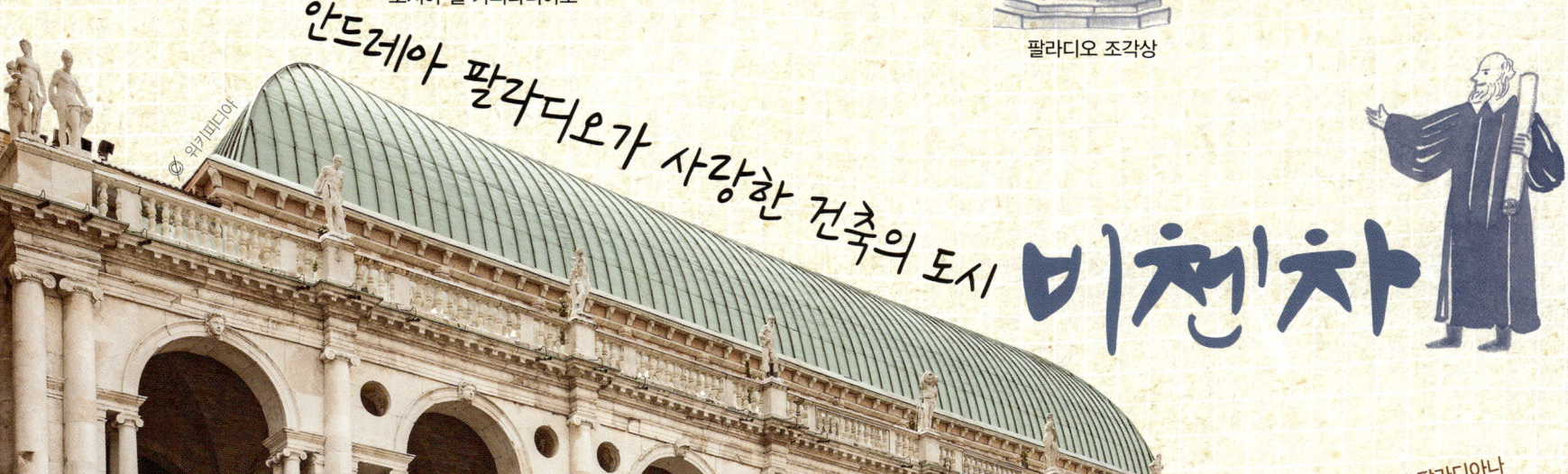

바실리카 팔라디아나

빌라 라 로톤다
팔라디오의 대표작으로,
빌라 설계의 오랜 경험이 녹아 있어요.
네 방향에서 본 모습이 똑같은 게
이 건물의 특징이지요.

열여섯 살 안드레아는 돌을 깎는 석공의 조수로 힘겹게 살아가고 있었어요. 인문학자 트리시노는 안드레아의 재능을 눈여겨보고 안드레아를 적극적으로 도왔어요. 안드레아에게 수학, 기하학, 문학을 가르쳐 주었고, 고대 유적과 고전 건축을 돌아볼 수 있도록 네 차례에 걸쳐 로마 여행을 시켜 주었지요. 아버지에게 물려받은 성 대신 '팔라디오'라는 새로운 성도 지어 주었어요. 어린 석공의 재능을 알아본 스승 덕분에 안드레아 팔라디오는 후기 르네상스 건축의 거장으로 우뚝 섰어요.

비첸차의 옛 시청인 바실리카 건물을 고쳐 짓는 일이 팔라디오의 출세작이 되었어요. 그 뒤로 귀족들이 앞을 다투어 저택이나 별장을 짓는 일을 맡겼어요. 가우디에게 바르셀로나가 있다면, 팔라디오에게 비첸차가 있지요. 이탈리아 북부의 작은 도시 비첸차에는 '팔라디오 거리'를 따라 팔라디오의 건축물이 늘어서 있어요.

독일의 대문호 괴테는 팔라디오 건축을 두고 돌로 쌓은 그리스의 꿈이라고 칭송했어요. 〈이탈리아 기행〉의 첫머리에는 괴테가 비첸차를 방문해 르네상스식 실내 극장(테아트로 올림피코)을 찬미한 이야기가 나온답니다.

〈건축 사서〉
1570년에 팔라디오가 쓴 건축 이론서예요.
총 4권으로 이루어져 있어요.

안드레아 팔라디오

〈안드레아 팔라디오 초상화〉, 잠바티스타 마간차, 17세기경

안드레아 팔라디오(1508~1580)는 베네치아 공화국의 건축가예요. 베네치아에서 가까운 파도바 출신이지만 주로 비첸차에서 활동했어요. 비첸차 거리에 지어진 귀족들의 저택과 공공 건물, 교외 여기저기에 흩어져 있는 별장인 빌라 등이 팔라디오가 세운 건축물이에요. 베네치아에도 성당 건물이 남아 있어요.

팔라디오는 건축의 역사에서 가장 큰 영향을 남긴 건축가예요. 팔라디오 건축의 특징은 고대 건축을 응용해 건물 정면에 기둥을 줄지어 늘어놓은 방식이에요. 이런 '팔라디오 양식'은 17세기 초부터 영국, 18세기 중엽 미국에까지 영향을 미쳤지요. 팔라디오가 지은 책 《건축 사서》에는 자신이 지은 건물의 도면을 아름다운 그림과 함께 기록해 놓았어요.

Vicenza 비첸차

이탈리아 동북부 베네토주의 작은 도시인 비첸차는 '팔라디오에 의한, 팔라디오를 위한, 팔라디오의 도시'예요. 비첸차를 거닐다 보면 이 도시 전체가 팔라디오를 위해 존재한다는 생각이 들 정도예요. 거꾸로 팔라디오가 비첸차를 우아한 건축의 도시로 만들었지요.

15세기 초부터 18세기 말까지 비첸차는 베네치아 공화국의 지배를 받았어요. 르네상스 시대에는 건축과 미술의 중심지로 이름을 크게 떨쳤어요.

시뇨리 광장에서 균형과 비례가 뛰어난 건축물에 감탄하며 걷다 보면 웃지 못할 일이 생기기도 한답니다. 로지아 델 카피타니아토 옆의 노란 건물에 감탄했는데 나중에 알아보니 공영 전당포이더군요. 비첸차시와 베네토주의 팔라디오 빌라는 유네스코 세계 문화유산에 올라 있어요.

팔라디오 박물관
팔라디오의 건축물들을 작은 모형으로 만나 볼 수 있는 박물관이에요. 마당엔 팔라디오가 쓴 위대한 건축책인 〈건축사서〉가 빅북으로 설치되어 있어요.

팔라초 티에네
르네상스 건축가 줄리오 로마노의 도면을 이용하여 팔라디오가 설계한 건물이에요.

로지아 델 카피타니아토
바실리카 맞은편에 있는 베네치아 공화국의 총독 궁전이에요. 미완성으로 남은 건물이에요. 붉은 코린트식 기둥이 인상적이지요.

팔라초 포르토 브레간체
완전하지 않은 3개의 기둥이 특징인 이 건물은 미완성인 채로 남아 있어요.

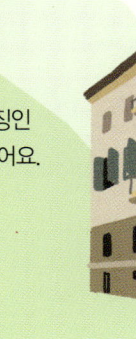

팔라초 키에나
1540년에 지은 르네상스식 궁이에요. 제2차 세계 대전 중 연합군의 폭격으로 파괴되었다가 재건축되었어요.

공원

비첸차역

테아트로 올림피코
그리스 비극을 상연하는 우아한 르네상스식 실내 극장이에요. 지금 남아 있는 가장 오래된 실내 극장이에요. 3차원으로 된 무대에서 배우가 막 튀어나올 것 같아요. 지금도 공연을 하는데 음향이 무척 아름답다고 해요. 팔라디오가 시작했고 제자 스카모치가 완성했어요.

코르소 안드레아 팔라디오
테아트로 올림피코부터 팔라초 키에리카티 등 팔라디오의 건축물들이 늘어선 거리를 말해요.

팔라초 키에리카티
팔라디오의 건축물 중에서 가장 아름다워요. 팔라디오의 아이디어로 줄 지어 늘어선 기둥의 아래층과 가운데가 벽으로 닫힌 위층을 대비시켜 더더욱 아름다운 건축물이 되었어요. 지금은 시립 미술관이에요.

바실리카 팔라디아나
비첸차에서 가장 눈에 띄는 웅장한 르네상스식 건물이에요. 시뇨리 광장의 남쪽에 있는 옛날의 시청사를 팔라디오가 수리했지요. 옆으로 중세 고딕식 종탑인 토레 비싸라가 솟아 있어요.

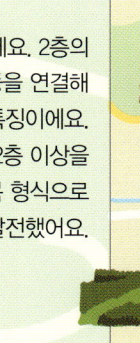

팔라디오 조각상
바실리카 팔라디아나 옆에 있는 팔라디오의 동상이에요. 자신의 건축물을 바라보는 팔라디오의 시선이 느껴져요.

시뇨리 광장
비첸차의 중심지예요. 아름다운 건축물에 둘러싸인 우아한 곳이지요. 견학 온 학생들, 관광객, 시민들로 늘 와글와글해요.

왼쪽에 확대한 부분

1566년에 세운 건물이에요. 2층의 발코니를 받치듯 기둥을 연결해 놓은 것이 특징이에요. 훗날 이 양식은 2층 이상을 연결시키는 버팀목 형식으로 발전했어요.

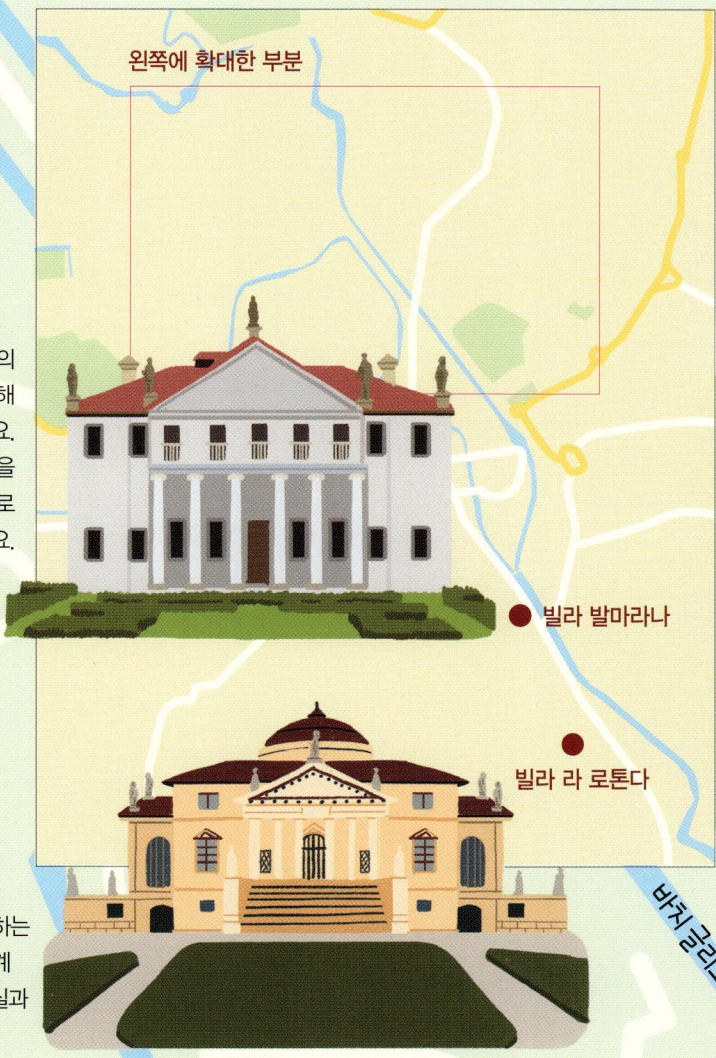

• 빌라 발마라나

• 빌라 라 로톤다

바치글리오네 강

비첸차 교외에 있는 전원 빌라예요. 팔라디오를 대표하는 건축물이지요. 빌라 알메리카라고도 불려요. 유네스코 세계 문화유산이지만 실제 소유주가 따로 있어요. 여름철에만 거실과 식당이 있는 1층만 공개해요. 네 방향에서 본 모습이 똑같도록 지었어요.

찰스 디킨스가 사랑한 빅토리아 시대의 런던

"**제**발, 죽을 조금만 더 주세요."

올리버가 구빈원 원장에게 애처롭게 빌었어요. 1834년 개정된 빈민법에 따라 아홉 살 고아 올리버는 공장이나 다름없는 구빈원에서 허드렛일을 하며 살았어요. 그곳 아이들은 겨우 "죽 한 그릇을 받으면 그릇이 반짝반짝 빛날 때까지 숟가락으로 박박 긁어 먹곤" 열 시간 넘게 고되게 일해야 했어요. 아이들은 너무나 배고파서 갈수록 사나워졌어요. 제비뽑기로 원장에게 죽을 더 달라는 말을 할 사람을 뽑았는데, 올리버가 대표로 뽑혔다가 결국 원장한테 모진 매질을 당하고 말았지요.

《올리버 트위스트》의 이 대목은 19세기 산업 혁명 시기의 비참한 현실을 보여 주는 명장면으로 손꼽히고 있어요. 런던 뒷골목에서 밑바닥 삶을 겪은 작가의 어린 시절 경험에서 우러나온 이야기라서 더더욱 피부에 와 닿았지요.

《올리버 트위스트》는?

《올리버 트위스트》에는 미꾸라지 찰리를 거느린 페기 일당 같은 런던의 범죄 조직이 자세하게 그려져 있어요. 사회학자나 역사학자들은 산업 혁명기의 런던을 정확하고 자세하게 알기 위해서 디킨스의 작품을 분석할 정도예요.

" 디킨스가 런던을 창조한 것처럼 런던이 디킨스란 작가를 만들었다. "
– 피터 애크로이드, 〈디킨스의 전기〉

> " 찰스 디킨스는 가난하고 고통받고 억압받는 이들에게 따뜻한 마음을 보낸 작가였다. 디킨스가 죽음으로써 영국에서 가장 위대한 작가 중의 한 사람을 잃었다. "
>
> – 〈찰스 디킨스 묘비 중에서〉

찰스 디킨스 박물관에 보관된 《크리스마스 캐럴》 책이에요.

디킨스는 19세기 런던을 배경으로 수많은 작품을 썼어요. '디킨스의 런던'이라는 말이 나올 정도였지요. 디킨스의 펜 끝이 닿지 않은 곳이 없다고 할 정도로 런던의 구석구석을 작품에 담았어요.

물론 디킨스에게 런던이 단순히 작품의 배경으로 끝난 것은 아니었어요. 엄청난 빈부 격차와 복잡한 도시 문제를 안은 런던은 디킨스가 세계와 인간을 깊이 들여다보게 해 준 창문이었어요. 세련되고 생기 넘치는 런던의 광장과 거리는 디킨스가 작품을 쓸 수 있도록 활력을 불어넣었지요. 노동자들이 모여 사는 런던의 뒷골목은 디킨스가 자기 시대의 문제를 비판적으로 바라볼 수 있는 눈과 가난한 사람들에 대한 따뜻한 관심과 사랑을 주었어요.

작품에 담긴 작가의 삶

어린 디킨스는 아버지가 빚 때문에 빚쟁이 감옥에 갇히자, 친척이 운영하는 구두약 공장에 다녀야 했어요. 디킨스는 학교를 다니고 싶었지만 그만둘 수밖에 없어 슬펐고 공장에 다니는 것을 부끄럽게 여겼어요. 이 치욕스러운 경험은 《올리버 트위스트》나 《데이비드 코퍼필드》 같은 작품에서 19세기 산업 혁명기 어린이 노동의 현실로 그려졌어요. 소년 시절 겪은 고통과 그로 인한 상처는 평생 작가를 괴롭혔지요.

찰스 디킨스 박물관 벽에 걸려 있는 디킨스를 그린 그림이에요.

찰스 디킨스 박물관에 디킨스가 실제 사용한 식당 모습도 그대로 꾸며 놓았어요.

찰스 디킨스

ⓒ 위키피디아

찰스 디킨스(1812~1870)는 셰익스피어와 더불어 영국을 대표하는 작가예요. 스물다섯 살에 쓴 《올리버 트위스트》가 큰 인기를 끌면서 20대에 이미 성공한 작가가 되었지요. 주로 잡지에 여러 차례에 나누어 소설을 연재했어요. 어찌나 인기가 많았는지 디킨스 소설의 다음 회가 궁금한 미국인들이 잡지를 실은 배가 대서양을 건너 도착하기를 애타게 기다렸대요.

한때 연극배우를 꿈꿨던 디킨스는 나이 들어 자신의 작품을 연극배우처럼 읽어 주는 '낭독회'를 만들어서 미국에 가기도 했어요. 지나치게 일을 많이 한 나머지 1870년 자신의 집 서재에서 글을 쓰다가 심장마비로 죽었어요. 죽은 뒤에는 웨스트민스터 사원의 영광스러운 '시인의 자리'에 묻혔어요.

대표작인 《크리스마스 캐럴》, 〈두 도시 이야기〉, 〈위대한 유산〉은 지금도 영화나 뮤지컬로 제작되어 변함없이 전 세계 독자들의 사랑을 받고 있어요.

캠든타운
런던에서 유명한 시장이 있어요. 열두 살 디킨스가 구두약 공장에 다니던 시절에는 빈민가였던 곳이에요.

킹 크로스역
런던과 지방 도시를 잇는 기차역이에요. 플랫폼 9와 3/4에 〈해리포터〉의 호그와트 마법학교로 가는 비밀의 통로가 있어요.

셜록 홈스 박물관
코난 도일의 추리 소설 〈셜록 홈스〉의 하숙집을 그대로 재현해 놓았어요. 베이커가 221B번지에 있어요.

내셔널 갤러리
중세와 근대 미술품을 전시하는 국립 미술관이에요. 레오나르도 다빈치, 고흐, 세잔의 그림을 전시하고 있어요.

트라팔가 광장
런던의 중심가인 내셔널 갤러리 앞에 있어요. 1805년 넬슨 제독의 트라팔가 해전을 기념해서 세웠어요.

영국 박물관
전 세계에서 모은 유물들을 소장 전시하고 있어요. 소장품 중에 고대 이집트 상형 문자가 새겨진 로제타석이 유명해요.

소호 거리
놀거리, 먹을거리, 쇼핑거리가 넘쳐나는 곳이에요. 근처에 차이나타운이 있어요.

피커딜리 광장
런던 번화가에 있어요. 조각상을 중심으로 거리 공연을 하는 악사와 구경꾼들을 만날 수 있어요.

하이드파크
런던 최대의 공원이에요. 아침에는 운동하는 사람들을 볼 수 있어요.

웨스트민스터 사원
영국 국교인 성공회 대성당으로, 왕실의 대관식이나 결혼식이 열려요. 영국 역사를 빛낸 인물들이 묻힌 곳이기도 해요. 시인의 구역에 묻힌 디킨스를 찾아보세요.

빅벤
런던에서 가장 눈에 띄는 건축물이에요. 웨스트민스터 궁 옆에 있는 시계탑이지요.

웨스트민스터 궁
영국의 국회의사당이에요. 세계 최초로 의회 민주주의를 발전시킨 영국의 상징으로 1834년 화재로 없어진 웨스트민스터 궁 자리에 들어섰어요.

템스강 런던을 남북으로 가로며 흐르는 강이에요. 19세기에 심하게 오염되어 악취 때문에 국회가 중간에 쉬는 날이 있을 정도였대요.

디킨스의 집
디킨즈가 살던 집을 박물관으로 바꾸었어요. 이곳에서 《올리버 트위스트》를 썼지요. 빅토리아풍으로 꾸민 실내에는 찰스 디킨스가 쓰던 책상과 가구 등이 전시되어 있어요.

코벤트 가든
젊음이 넘치는 거리예요. 길거리 공연이 유명해요.

이스트 엔드 지역
런던의 동쪽 동네예요. 디킨스 소설의 주 무대로 가난한 서민들이 모여 살아요.

런던의 상징인 빨간 2층 버스

버킹엄 궁전
엘리자베스 2세가 사는 궁이에요. 수문장 교대식으로 유명해요.

런던탑
1070년 정복자 윌리엄이 건설한 화이트 타워에 세월이 흐르면서 성벽을 둘러쌓아 지금의 런던탑이 되었어요. 헨리 8세의 왕비 앤 블린이 런던탑에 갇혔다가 죽었어요.

타워브리지
런던 템스강에 놓인 다리예요. 배가 지나갈 때는 다리의 가운데 부분이 열리도록 설계되어 있어요.

테이트 모던
2000년에 화력 발전소를 생기 넘치는 현대 미술관으로 탈바꿈시켰어요.

런던 아이
런던을 한눈에 볼 수 있는 대관람차예요.

레스터 스퀘어
뮤지컬 극장들이 모여 있는 거리예요.

London 런던

런던은 영국의 수도이자 세계적인 금융, 관광, 문화, 교통의 중심 도시예요. 빅토리아 여왕(1837~1901)이 다스리던 시절, 영국은 산업 혁명으로 부를 쌓고 해외 식민지를 개척해 '해가 지지 않는 나라'로 불리며 세계에 군림했어요. 이때 런던은 그야말로 '세계의 수도'로서 영광스러운 지위를 누렸어요. '디킨스의 런던'은 영국이 가장 번성했던 '빅토리아 시대'와 거의 일치해요. 빛이 있으면 어둠이 있는 법. 런던은 18세기 후반 산업 혁명을 겪으면서 많은 인구가 몰려 템스강이 오염되고 스모그에 시달리고 범죄가 많이 일어났어요. 빈부 격차가 심해져서 부유한 중산층이 사는 서부 지역인 웨스트엔드(West End)와 노동자들이 사는 동쪽 지역인 이스트엔드(East End)로 쪼개졌지요. 디킨스는 빅토리아 시대의 영광에 가려진 이스트엔드 빈민들의 삶을 실감나게 다루었어요. 템스강을 중심으로 자리 잡은 오늘날 런던은 다양한 인종과 문화가 공존하는 세계 도시예요.

비틀즈가 사랑한 항구 도시
리버풀

1960년대에 존 레논, 폴 매카트니, 조지 해리슨, 링고 스타는 시시껄렁한 리버풀 촌놈에서 영국을 훌쩍 뛰어넘어 세계적인 록 밴드의 멤버로 떠올랐어요. 비틀즈의 음악은 '어른 세대에 저항한 청년 문화의 상징'으로 여겨지고 있어요.

THE BEATLES

비틀즈의 〈화이트 앨범〉

비틀즈의 음악을 직접 들어 보세요!
리버풀에 갈 계획이라면 가기 전에 비틀즈의 음악을 먼저 들어 보세요. 〈스트로베리 필즈 포에버〉, 〈페니 레인〉 등은 리버풀에 실제로 있는 곳이랍니다. 그 밖에 〈렛잇비〉, 〈예스터데이〉가 대표곡이에요.

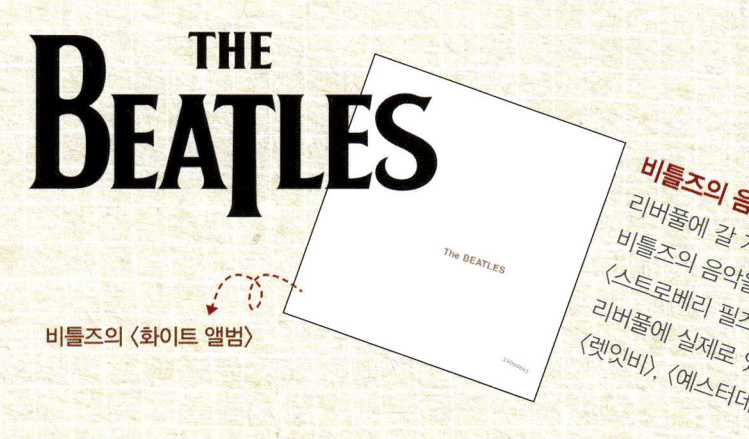

존 레논이 가장 좋아한 로큰롤 가수, 엘비스 프레슬리

"엘비스가 없었다면 비틀즈도 없었을 것이다."
– 존 레논

"내 인생에서 잊히지 않을 장소가 있지. 어떤 곳은 변하고 어떤 곳은 영원하고 어떤 곳은 사라지고 어떤 곳은 남아 있어도 이 모든 장소는 그들만의 순간을 지니고 있지(비틀즈, 〈인 마이 라이프〉(1965))."

위 노래 가사처럼 비틀즈의 음악은 '리버풀에서 보낸 한 순간'에 태어났어요. 비틀즈의 멤버 존 레논은 어린 시절 뛰놀던 구세군 고아원의 정원을 떠올리며 〈스트로베리 필즈 포에버〉를 작곡했어요. 폴 매카트니는 존과 자주 만나곤 했던 거리를 소재로 〈페니 레인〉을 작곡했지요. 〈페니 레인〉에 등장하는 이발소도 실제 있었던 곳이에요.

이런 까닭에 세계적인 록 밴드인 비틀즈에게 잊히지 않는 장소를 꼽으라면 단연코 리버풀의 어디쯤일 거예요. 세계에서 가장 유명하고 가장 사랑받는 록 밴드가 탄생한 도시니까요. 항구 도시 리버풀이 제일 빛난 순간은 아마도 풋내기 비틀즈가 창고 모퉁이에 있던 허름한 캐번 클럽에서 열정적인 연주를 했던 때일 거예요.

1970년에 비틀즈는 해체되었지만, 전 세계에서 비틀즈를 사랑하는 수백만 명의 팬들이 비틀즈의 흔적을 찾아 리버풀을 찾는답니다.

가난한 리버풀 노동자 출신의 청년들이 성공하는 길은 록 밴드를 결성하거나 축구 선수가 되는 길밖엔 없었어요.

비틀즈

비틀즈(1960~1970)는 영국의 리버풀에서 탄생한 4인조 록 밴드예요. 10대의 반항아 존 레논은 쿼리멘이라는 학교 밴드를 결성했어요. 그러던 어느 날, 리버풀의 한 교회에서 기타를 멋지게 연주하는 폴 매카트니를 만났죠. 두 사람을 중심으로 비틀즈에서 기타를 담당한 조지 해리슨, 드럼을 담당한 링고 스타가 합쳐 딱정벌레라는 뜻의 비틀즈(Beatles)가 탄생했어요. 존 레논과 폴 매카트니가 주요 곡들을 작사 작곡했어요. 1960년대 청년들의 '저항 문화', '대안 문화*'를 대변하고 있으며, 세계에서 가장 많은 음반을 판 밴드로 기록되고 있어요. 비틀즈의 음악은 서정시 같으면서도 철학적인 뜻을 담은 가사와 수준 높은 음악성에서 록의 클래식으로 자리매김하고 있어요. 비틀즈는 1970년대 해체된 뒤에도 전 세계에서 널리 사랑받고 있어요.

*대안 문화 : 기존 문화에 대한 비판적 시각을 바탕으로 새롭게 시도하여 형성되는 문화.

매튜 거리
리버풀의 뒷골목에 있는 비틀즈 거리예요. 캐번 클럽, 존 레논의 동상이 있어요. 거리를 거닐면 어디선가 비틀즈가 노래를 하는 듯해요.

캐번 클럽
풋내기 비틀즈가 300번 가까이 공연했던 펍이에요. 비틀즈를 느끼고 싶은 관광객들이 끊임없이 찾고 있어요.

거리 공연
제2의 비틀즈를 꿈꾸거나 비틀즈의 음악을 동경하는 음악인들이 곳곳에서 거리 공연을 펼치고 있어요. 비틀즈를 사랑하는 음악인들이 세계 여러 나라에서 모여들어 공연을 펼치기도 해요.

비틀즈 스토리
비틀즈의 일대기를 정리해 놓은 비틀즈 박물관이에요. 음악 자료, 소품, 무대 의상, 앨범 재킷이 전시되어 있어요.

리버풀 메트로폴리탄 대성당
1978년에 세운 성공회에 속하는 성당이에요. 이곳에서 폴 매카트니의 클래식 곡이 처음 공연되었다고 해요.

머시강

앨버트 독에 있는 비틀즈 동상
"그들은 1965년 12월 5일 엠파이어 극장의 공연을 마지막으로 리버풀을 떠났으나 그들은 결코 이곳을 떠나지 않았다. 비틀즈는 리버풀과 동의어이다."라는 글이 바닥에 새겨져 있어요.

앨버트 독
1846년에 지어진 부두를 문화 단지로 개발한 곳이에요. 레스토랑, 상점, 호텔 등이 모여 있어요.

테이트 리버풀
1988년 리버풀 항구의 앨버트 독에 있던 창고를 개조한 미술관이에요.

Liverpool 리버풀

리버풀 FC 경기장
리버풀 축구팀의 전용 구장이에요.

매직 미스터리 투어버스
리버풀에서 비틀즈의 발자취를 따라 여행해 보고 싶다면 이용해 보세요. 비틀즈와 관련된 장소를 차례차례 돌아본답니다. 비틀즈의 음악도 함께 즐길 수 있어요. 매직 미스터리 투어는 비틀즈의 앨범 이름에서 따온 거예요.

리버풀은 영국 잉글랜드 북서부의 항구 도시예요. 17세기부터 항구 도시로서 번성하기 시작하여 산업 혁명기를 거치면서 세계적인 항구 도시로 성장했어요. 비틀즈 멤버들이 살았던 때에는 리버풀과 미국 동부 지역을 연결하는 대형 선박을 통해 제임스 딘, 엘비스 프레슬리 같은 미국 문화가 들어와서 비틀즈 멤버들에게 영향을 주었지요. 19세기 말부터 쇠퇴하던 리버풀은 가난과 실업 문제에 시달렸어요. 현재는 도시 재생 사업과 비틀즈를 내세운 관광 사업에 힘입어 문화 도시로 탈바꿈하는 데 성공했어요.

조지 해리슨의 집
조지 해리슨은 이 집을 행복한 곳으로 기억했다고 해요. 지금은 다른 사람이 살고 있어요.

존 레논의 붉은 집
존은 부모가 이혼한 뒤에 이곳에서 이모와 함께 살았다고 해요.

세인트피터스 교회
존 레논과 폴 매카트니가 처음 만난 곳이지요.

스트로베리필즈 고아원
어린 시절 존 레논이 놀던 구세군 고아원이에요. 비틀즈의 노래에 등장하는 곳이에요.

폴 매카트니의 집
다른 비틀즈 멤버들의 집과 다르게 이곳은 국가에서 관리하고 있어요. 재즈 밴드를 이끌었던 매카트니의 아버지는 매카트니의 록 밴드 활동을 적극 권했다고 해요.

링고 스타의 집
링고 스타가 어릴 적에 살던 집이에요. 이후 링고는 어머니가 방세를 내기 어렵게 되자 다른 곳으로 이사갔어요.

페니 레인
폴 매카트니가 작곡한 노래에 나오는 길에 있는 버스 정류장이에요.

베아트릭스 포터가 사랑한 피터 래빗의 고장
레이크 디스트릭트

1882년 열여섯 살 소녀 베아트릭스 포터는 영국의 아름다운 호수 마을(레이크 디스트릭트)로 가족 여행을 떠났어요. 베아트릭스는 윈더미어 호수를 작은 배로 건너며 호숫가의 경치를 즐겼고, 노부인이라는 별명이 붙은 늙은 말이 끄는 이륜마차를 타고 구불구불한 시골길을 달렸어요. 자연을 관찰하는 능력이 뛰어난 베아트릭스는 여행하는 틈틈이 작은 동물, 버섯, 야생 열매, 낡은 집을 스케치했어요. 레이크 디스트릭트의 빼어난 경치는 베아트릭스에게 깊은 인상을 주었어요.

1905년 약혼자를 잃고 슬픔에 빠져 있던 베아트릭스는 어린 시절의 추억이 담긴 레이크 디스트릭스의 니어소리 마을에서 새로운 삶을 시작했어요. 피터 래빗과 피터 래빗의 다른 동물 친구들의 이야기가 이 농장을 무대로 탄생했어요.

피터 래빗의 탄생 이야기!

1893년에 베아트릭스는 '피터'라는 토끼를 키웠어요.
그해 여름 스코틀랜드 가족 여행에 피터 래빗을 데려갔어요.
그곳에서 베아트릭스는 가정 교사의 아들인 노엘이 앓아눕자, 노엘에게 네 마리 토끼 이야기가 담긴
그림 편지를 보내기 시작했어요. 그 토끼들의 이름은 플롭시, 몹시, 코튼테일, 그리고 피터였어요.
'피터 래빗!' 이렇게 세상에서 가장 유명하고, 가장 사랑스러운 토끼가 탄생했지요!
〈피터 래빗 이야기〉는 1902년 책으로 나오자 큰 인기를 얻고 날개 돋친 듯 팔렸어요.

베아트릭스는 피터 래빗과 동물 친구들을 "상상으로 창조한 게 아니라 농장에서 그대로 옮겨 온 것뿐"이라고 말했어요. 버릇없는 다람쥐 넛킨, 올빼미 브라운 할아버지, 통통한 회색 다람쥐 티미 팁토스, 지독한 깔끔쟁이 티틀마우스 부인, 다리미질을 잘하는 고슴도치 티기 윙클 부인, 똑똑한 아기 돼지 로빈슨, 순진한 오리 제미마 퍼들덕. 이 동물 주인공들은 베아트릭스가 농장에 사는 동물들의 모습과 행동을 섬세하게 관찰해서 사랑스러운 그림으로 묘사한 것이었어요. 동물들이 등장하는 이야기도 물론이고요. 백 년이 넘은 오늘날까지도 피터 래빗과 그 친구들이 어린이들에게 뜨겁게 사랑받는 비결이지요.

마을을 걷다가 출출해지면 베아트릭스가 좋아했던 시드위그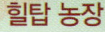와 호수 마을의 명물인 스티키 토피 푸딩을 영국의 뜨거운 차와 함께 맛보는 기회를 놓치지 마세요!

* **시드위그** : 〈진저와 피클 이야기〉에 나오는 행상이 손수레에 싣고 팔던 빵.

힐탑 농장

실제로 힐탑 농장을 방문하면 〈사무엘 위스커스 이야기〉에서 고양이 리비 부인이 이스트를 빌리러 오는 현관문과 똑같은 문을 발견할 수 있을 거예요. 이런 일은 니어소리 마을에서 셀 수 없이 일어난답니다. 베아트릭스는 니어소리 마을의 모든 풍경을 그림책에 담았거든요. 베아트릭스가 살며 글과 그림을 짓던 니어소리 마을을 걸으면 그림책의 무대와 실제 공간을 비교하는 특별한 기쁨을 누릴 수 있어요.

베아트릭스 포터

베아트릭스 포터(1866~1943)는 영국의 어린이책 작가이자 화가, 농부이며 양 사육사, 환경 운동가예요. 어릴 적부터 관찰력이 뛰어났으며 동물들을 사랑했어요. 1902년에 나온 〈피터 래빗〉 시리즈는 100년 동안 30개 언어로 번역되었으며 전 세계에서 1억 5,000만 부 이상 판매되었어요. 베아트릭스는 피터 래빗 이야기를 출판하는 데 도움을 준 약혼자가 죽자 슬픔에 빠져 있다가, 1905년 레이크 디스트릭트의 니어소리 마을에 정착했어요. 이때부터 8년간 레이크 디스트릭트를 무대로 한 그림책을 쏟아 냈지요. 이 시기를 '마법의 8년'이라고 부른답니다. 베아트릭스는 〈피터 래빗 이야기〉에서 나온 인세로 차츰 힐탑 농장과 주변의 농장을 사들였어요. 그렇게 사들인 농가 15채, 농장 20곳과 드넓은 토지에서 양을 키우고 자연을 보호하며 살았어요. 일흔일곱 살의 나이로 세상을 떠나면서 전 재산을 내셔널 트러스트*에 기부해 니어소리 마을은 베아트릭스가 살던 그대로 보존되고 있어요.

* **내셔널 트러스트** : 1895년 영국에서 시민들의 기부나 모금으로 조직된 시민환경 단체예요. 보존 가치가 있는 자연이나 역사적 건축물을 보호하는 일을 해요.

Lake District 레이크 디스트릭트

레이크 디스트릭트 국립 공원
잉글랜드 북부 컴브리아 지방의 16개 호수로 이루어진 공원이에요.

레이크 디스트릭트는 영국 잉글랜드 북서부에 있는 호수 국립 공원이에요. 16개의 크고 작은 호수로 이루어져 있는데, 그중에서 윈더미어 호수가 가장 크고 유명하지요. 독일의 소설가 괴테는 "독일은 도시가, 영국은 시골이 아름답다."고 말했어요. 이 말이 가장 잘 들어맞는 곳이 레이크 디스트릭트일 거예요. 영국 시골의 고즈넉한 자연을 마음껏 즐길 수 있는 곳이에요. 윈더미어 호숫가의 작은 마을인 보네스 온 윈더미어에서 작은 배로 호수를 건너서 건너편 기슭에 도착하면 파소리(Far Sawrey) 선착장이 나오는데, 이곳에서 니어소리(Near Sawrey) 마을로 가는 길이 이어져요. 니어소리 마을에 베아트릭스 포터가 처음 산 힐탑 농장, 마흔일곱 살에 결혼한 남편과 함께 살았던 집인 캐슬 코티지를 비롯한 농장들이 옹기종기 모여 있어요.

내셔널 트러스트 덕분에 농장에는 베아트릭스가 애써 모은 빅토리아 시대의 가구와 소품들이 고스란히 보존되어 있어요. 윈더미어 호수의 북쪽으로 가면 그래스미어(Grasmere)가 나와요. 영국의 낭만주의 시인 윌리엄 워즈워스의 고향이랍니다. 〈무지개〉라는 아름다운 시가 나올 만큼 아름다운 고장이지요.

"저 하늘 무지개를 보면/내 가슴은 뛰노라/
나 어린 시절에도 그러했고/
어른인 지금도 그러하고/늙어서도 그러하리/
그렇지 않다면 차라리 죽는 게 나으리!/
아이는 어른의 아버지/내 하루하루가/
자연의 숭고함 속에 있기를."
– 윌리엄 워즈워스, 〈무지개〉

니어소리 마을

- 혹스헤드 가는 길
- **앤 빌 오두막** 〈사무엘 위스커스 이야기〉에 등장하는 집의 배경이에요.
- **생강과 피클 상점** 〈진저와 피클 이야기〉에서 생강과 피클을 파는 상점의 배경이 된 곳이에요.
- **옛 우체국** 〈파이와 패티판 이야기〉에 나오는 우체국의 모델이에요.
- **우체통** 〈피터 래빗의 달력(2월)〉에 나오는 그림의 배경이에요.
- 타워 뱅크 암스
- 힐탑 농장
- 파소리 선착장 가는 길

힐탑 농장 입구에 서 있는 베아트릭스 포터

니어소리 마을 모습
걸어다니는 곳곳마다 베아트릭스가 책 속에 등장시킨 건물들을 만날 수 있어요.

THE WORLD OF BEATRIX POTTER ATTRACTION

베아트릭스 포터 월드
보네스 마을에 있는 포터 박물관이에요.
피터 래빗을 비롯한 베아트릭스의
귀여운 캐릭터들을 만날 수 있어요.

보네스 마을 선착장
호수가 많은 레이크 디스트릭트에서는 배를 타고
이동해야 할 때가 많지요. 보네스 마을에서
힐탑 농장이 있는 니어소리 마을로 가려면
배를 타야 해요.

베아트릭스 포터 갤러리
베아트릭스의 원화를 전시하는
갤러리예요. 원래는 혹스헤드 마을에서
남편 힐리스가 운영하는 변호사 사무실이었어요.
이 마을은 〈파이와 파이 틀 이야기〉,
〈도시 쥐 조니 이야기〉에 나온답니다.

● 니어소리 마을   파소리 선착장   ● 보네스 온 윈더미어

보네스 온 윈더미어 마을의 모습

힐탑 농장
베아트릭스가 처음 사들인 농장 건물이에요.
나중엔 남편과 함께 캐슬 코티지에 살았지만
베아트릭스가 죽은 뒤엔 살아 있을 때 쓰던
가구를 모두 힐탑 농장으로 옮겼어요.
지금은 베아트릭스의 숨결을 느낄 수
있는 전시관으로 꾸며 놓았어요.

타워 뱅크 암스
영국식 가정 요리를 파는 음식점이에요.
〈제미마 퍼들덕〉의 배경이 된 건물이에요.
힐탑 농장 바로 옆에 있어요.

J.K. 롤링이 사랑한 마법의 도시 에든버러

"**에**든버러로 이사 오는 게 어때?"

1993년 초겨울, 롤링은 동생 디한테서 온 전화를 받았어요. 그때 롤링은 직업도 없이 이혼한 처지였고, 4개월 된 딸 제시카를 혼자 키우고 있었어요. 삶이 밑바닥으로 떨어진 상태라서 롤링은 망설임 없이 에든버러행 기차에 올라탔어요. 낡은 여행 가방에는 장차 해리 포터 시리즈의 첫 권이 될 원고의 일부가 들어 있었지요.

롤링은 정부에서 주는 보조금으로 초라한 월세 아파트에서 살았어요. 백일을 갓 넘은 제시카를 돌보느라 글을 쓸 시간을 낼 수 없었어요. 고민 끝에 롤링은 꾀를 냈어요. 제시카를 유모차에 싣고 에든버러 거리를 산책하다가, 제시카가 잠들면 엘리펀트하우스 카페에 들어가서 글을 쓰자는 것이었지요.

롤링은 제시카를 재우려고 유모차를 끌고 엘리펀트하우스 카페에서 멀지 않은 곳으로 산책했어요. 그곳에는 볼드모트의 본명인 톰 리들의 이름이 적힌 묘비를 발견한 교회 묘지, 4개의 기숙사를 본뜬 조지 해리엇 고등학교가 있어요. 롤링이 엘리펀트하우스 카페의 창문을 통해 에든버러성을 보며 '호그와트 마법 학교'에 관한 영감을 얻었다는 이야기는 유명해요. 해리 포터 시리즈의 열성 팬들이 에든버러에서 롤링에게 영감을 준 장소를 콕 집어 찾아다니는 '성지 순례'를 할 때 빼놓지 않는 곳이지요.

에든버러 거리를 걷다 보면, 특정한 장소보다 '북방의 아테네'로 불린 에든버러라는 중세 도시의 전체적인 분위기가 롤링이라는 천재 작가에게 무한한 상상력과 영감을 주었을 것 같아요. 누구든지 마법의 상상력을 원하는 사람은 부디 에든버러에 가기를!

〈해리 포터〉 시리즈가 세운 대기록!

- 롤링은 런던과 맨체스터를 오가는 통근 기차 안에서 창밖을 보다가 해리 포터 1권을 구상했어요. '포터'라는 성은 어린 시절 같이 놀던 포터 남매의 성에서 따왔고요. 해리 포터 시리즈의 첫 권인 《해리 포터와 철학자의 돌》이 영국의 블룸즈버리 출판사에서 나오자마자 큰 성공을 거두었어요. 새 책이 나올 때마다 다음 권을 애타게 기다리는 독자들과 공식 출간일까지 내용이 새어 나가지 않도록 철저히 보안을 지키려는 출판사 사이에서 즐거운 실랑이가 벌어졌지요. 마지막 권인 《해리 포터와 죽음의 성물》은 며칠 만에 1,100만 부가 팔리는 대기록을 세웠어요.
- 이 시리즈는 미국 할리우드에서 주인공 해리 포터 역에 대니얼 래드클리프가 출연한 영화로 제작되어 큰 인기를 누렸어요.

© 2010 Daniel Ogren Photography

J. K. 롤링

J. K. 롤링(1965~)은 영국 잉글랜드 서부의 글로스터셔주에 있는 작은 도시 예이트에서 태어났어요. 본명은 조앤 롤링이고, 작가 이름인 필명은 J. K. 롤링이에요. 해리 포터 시리즈의 첫 권을 낼 때 출판사에서 여성 작가라는 사실이 알려지면 남자아이들이 읽지 않을 것을 걱정해서 J. K. 롤링이라는 필명을 쓰도록 했답니다. 2007년 1월 11일 롤링은 발모랄 호텔의 스위트룸 552호에서 헤르메스의 흉상에 《해리 포터와 죽음의 성물》 작업을 마쳤다는 사인을 함으로써 자신이 주인공으로 등장하는 현대의 마법 드라마를 완성했습니다. 전체 일곱 권인 〈해리 포터〉 시리즈를 완성함으로써 세계적인 베스트셀러 작가 자리에 오르고 자신의 힘으로 억만장자가 되었지요. 판타지 문학에 대한 공로를 인정받아 온갖 상을 받고 영국 여왕으로부터 훈장을 받았어요. 롤링은 지금도 에든버러의 대저택에서 남편과 세 아이와 함께 살고 있어요.

월터 스콧 기념탑
트라팔가 광장의 넬슨탑보다 5미터 높은 61미터짜리 고딕 탑이에요. 스콧의 소설에 나오는 64명의 인물 조각상이 새겨져 있어요.

국립 스코틀랜드 초상화 박물관
이름처럼 초상화들을 전시하고 있는 박물관이에요. 철학자 데이비드 흄, 증기기관을 발명한 제임스 와트 등 유명한 스코틀랜드의 인물을 만날 수 있어요.

웨이버리 기차역

에든버러성
호그와트 마법학교에 영감을 준 성이에요. 에든버러 시내에서 올려다보면 난공불락의 요새처럼 보여요.

국립 스코틀랜드 도서관
1710년부터 국립 도서관의 지위를 받아 300년도 넘은 도서관이에요.

빅토리아 스트리트
〈해리 포터〉에서 마법사들의 거리인 다이애건 앨리(Diagon Alley)의 모델이 되었어요. 마법사의 지팡이, 부엉이, 망토, 교과서를 파는 상점들이 있었지요.

그레이프라이어스 커크야드
교회 묘지예요. 롤링이 묘지를 거닐며 이곳에 묻힌 톰 리들의 묘비에서 힌트를 얻어 등장인물의 이름을 정했다고 해요. 해리 포터 팬들은 악당 톰 리들의 묘비를 찾느라 묘지를 헤매고 다니지요.

세인트 자일스 교회
61미터 높이의 첨탑이 있어요.

조지 해리엇 고등학교
에든버러의 명문 고등학교예요. 네 개의 탑과 기숙사가 해리 포터 시리즈에 영향을 주었어요.

Edinburgh 에든버러

칼턴 힐
에든버러를 내려다볼 수 있는 언덕이에요.
이 건물은 스코틀랜드 국립 기념물이지요.

발모랄 호텔
롤링이 이 호텔의 스위트룸 552호에서 해리 포터 시리즈의 마지막 권을 썼어요.

로열마일
홀리루드 하우스 궁전에서 에든버러성까지 연결되는 길이에요. 옛날에는 귀족들만 다닐 수 있었고, 길이가 1마일(1.6킬로미터)이어서 붙여진 이름이에요.

에든버러는 15세기 이래 영국 스코틀랜드의 수도예요. 영국은 잉글랜드, 스코틀랜드, 웨일스, 북아일랜드로 이루어져 있어요. 요즘도 에든버러를 중심으로 스코틀랜드 분리 독립 운동이 심심치 않게 일어나고 있어요.

하늘을 찌를 듯이 솟은 바위산에 세워진 에든버러성은 에든버러의 상징이에요. 에든버러 거리에서 고개를 들면 뒤쪽에서 햇빛을 받은 시커먼 에든버러 성채가 웅장한 자태를 드러내지요. 그 위로 하늘을 잔뜩 뒤덮은 채 낮게 깔린 구름이 마법의 폭풍을 몰고 올 것같이 빠른 속도로 흘러가는 모습을 볼 수 있어요. 그 모습을 보면 누구나 "저곳에 뭔가 현실과 다른 세계가 있을 거야!" 하는 느낌을 받아요.

로열마일과 중세 뒷골목, 국립 스코틀랜드 초상화 미술 박물관의 오래된 도서관 책장, 국립 스코틀랜드 도서관에 전시된 옛지도, 빅토리아 거리의 오래된 서점, 그리고 그 거리 입구에 있는 온갖 신기한 분장 소품을 갖춘 상점인 '아 하하(Aha Ha Ha)'······. 이런 중세 분위기를 물씬 풍기는 에든버러를 사랑하는 관광객들이 끊이질 않지요. 작가 월터 스콧, 로버트 루이스 스티븐슨, 코난 도일, 철학자 데이비드 흄, 전 영국 수상 토니 블레어가 에든버러에서 태어났어요.

매년 8월에 열리는 에든버러 축제에는 전 세계 예술 단체들이 모여 실내 공연과 거리 공연을 펼쳐요.

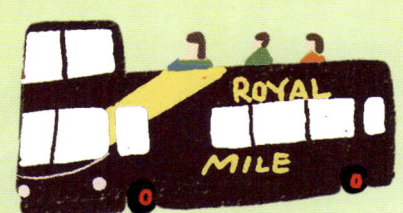

에든버러 시티 투어 버스

아서스시트
251미터 높이의 우람한 바위산이에요.
아서왕이 마법의 칼인 엑스칼리버를 뽑았다는 전설이 전해 오고 있어요.

엘리펀트 하우스
롤링이 《해리 포터》를 쓴 카페예요.
카페 문 앞에 '해리 포터의 탄생지'라는 간판이 붙어 있어요. 안에 들어가면 코끼리 장식이 있어요.

에든버러대학

안토니 가우디가 사랑한 곡선의 도시 바르셀로나

"이 졸업장은 천재 아니면 바보에게 주는 것입니다."
바르셀로나 건축 학교 졸업식에서 로제 학장이 가우디를 두고 한 말이에요. 로제 학장은 "그 결과는 오직 시간만이 말해 줄 것이다."라며 긴 여운을 남겼지요.

보통 "건축은 시대 정신을 담는다."라고 하지요. 가우디 이전에는 어떤 건축가도 자신이 사는 시대 양식과 먼 건축을 자유롭게 할 수 없었어요. 하지만 괴짜 가우디만은 자신의 눈으로 발견한 고향 카탈루냐의 자연과 전통을 독특한 건축적 상상력으로 발전시켰지요.

야자수와 도마뱀이 등장하는 자연을 닮은 건축, 구불구불하게 요동치는 곡선미를 이룬 건축, 알록달록한 타일로 색채미가 돋보이는 건축으로 '가우디 건축 양식'을 창조해 냈어요. 가우디는 고작 12개의 건축물을 남겼지만, 9개의 주요 건축물을 바르셀로나에 남겼어요.

가우디는 젊은 나이에 사그라다 파밀리아(성가족) 성당을 책임지고 짓게 되었어요. 설계 과정에서 가우디는 유럽의 도시마다 있는 뾰족탑이 솟은 고딕 양식을 외면했어요. 그

사그라다 파밀리아 성당
지금까지 130여 년째 짓고 있는 이 성당은 최근 때 아닌 불법 건축물 논란에 휩싸였다가 137년 만에 건축 허가를 받았다고 하네요.

ⓒ 위키피디아

> **직선은 인간의 선이고 곡선은 신의 선이다.**
>
> – 가우디

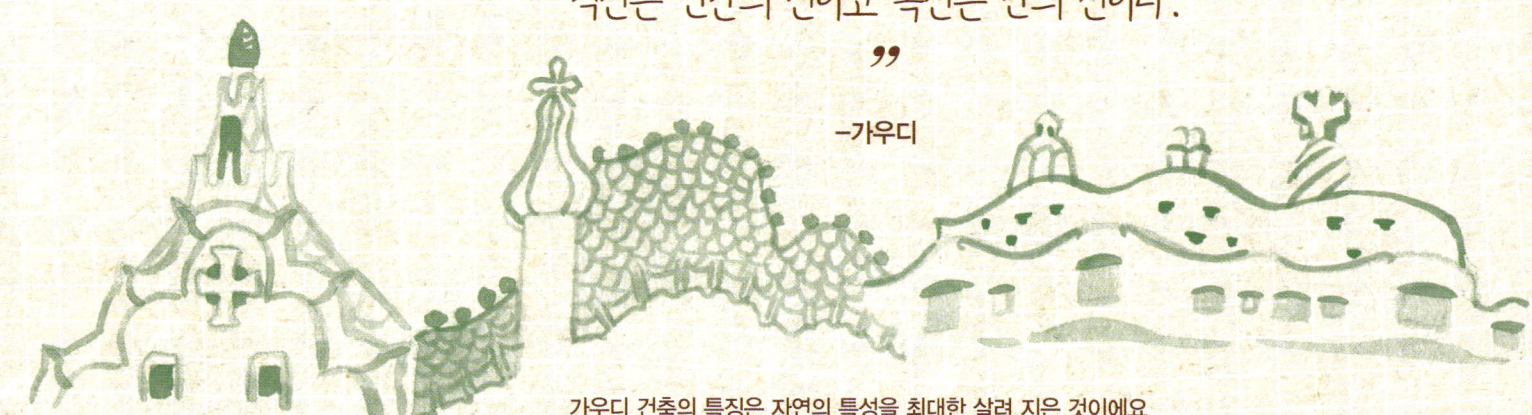

가우디 건축의 특징은 자연의 특성을 최대한 살려 지은 것이에요.

대신 자신만의 기발하다고 할 만큼 특별한 건축 양식을 시도했어요. 카탈루냐 지방의 중심인 몬세라트 성지의 암벽 기둥을 본떠 예수의 열두 제자를 상징하는 옥수수 혹은 벌집 모양의 첨탑 열두 개를 세웠어요. 물론 가운데 거대한 탑은 예수를 상징하지요. 지중해의 과일 모양으로 빚은 조형물로 성당 바깥을 꾸미고, 숲에 들어온 것처럼 나무와 꽃 모양으로 성당 내부를 디자인했어요. 시시각각 색채가 변하는 스테인드글라스를 통해 마치 천국에 오른 것 같은 환상을 실현했어요. 1882년부터 짓기 시작해 지금도 짓고 있는 이 성당은 바르셀로나를 상징하는 건축물이 되었어요. 그 옛날 로제 학장이 말한 대로, 오랜 시간이 흐른 뒤에 괴짜 가우디가 천재 건축가임을 입증하는 증거물이 되었지요!

ⓒ 위키피디아

카사 밀라

바르셀로나 주변 자연에서 영감을 얻어 지은 이 건축물은 외부 모습이 커다란 바위산의 채석장 같다고 해서 '라 페드레라'라고도 불려요. 구불거리는 건물의 외곽이 인상적이에요. 1984년 유네스코 세계 문화유산에 올랐어요.

ⓒ 위키피디아

안토니 가우디

안토니 가우디(1852~1926)는 에스파냐 카탈루냐 지방의 레우스에서 태어난 건축가예요. 전무후무한 건축 양식을 선보여 '건축의 신'으로 불려요. 대장장이인 아버지에게서 장인 정신을 물려받았어요. 아버지를 따라 철제 대문과 철제 장식물을 만들었어요. 어린 시절부터 폐렴과 류마티스 관절염에 시달렸으며 평생 결혼하지 않고 혼자 살았어요. 바르셀로나에서 건축 학교를 마친 뒤, 평생의 후원자 구엘을 만나 구엘 저택과 구엘 공원을 지었어요. 43년 동안 사그라다 파밀리아 건축에 매달리다가, 일흔세 살이 되던 해에 노면 전차에 치어 죽었어요. 죽은 뒤에도 자신의 전부를 건 사그라다 파밀리아 성당 지하에 묻혀 성당이 완성되어 가는 모습을 지켜보고 있답니다.

Barcelona 바르셀로나

바르셀로나는 에스파냐 카탈루냐 자치 지방의 중심 도시예요. 지중해에 접한 항구 도시이며 에스파냐 최대의 산업 도시지요. 바르셀로나라는 이름은, 기원전 3세기에 이곳을 점령한 카르타고의 장군 한니발 바르카 가문의 거리라는 뜻으로 '바르시노'라고 부른 데서 유래했어요.

가우디를 비롯해서 세계적인 화가 파블로 피카소와 호안 미로를 배출한 예술 도시예요. 축구 명가로 유명한 FC 바로셀로나 축구팀이 라이벌인 레알 마드리드와 벌이는 축구 경기를 특별히 '엘 클라시코(고전적인 승부)'라고 불러요. 두 축구 맞수의 전쟁 같은 대결에는 카탈루냐의 바르셀로나와 카스티야의 마드리드 간의 오랜 앙숙 관계가 도사리고 있어요.

최근 바르셀로나는 카탈루냐 언어를 쓰며 독립적인 문화를 지닌 카탈루냐 독립운동의 근거지로서 정치적인 진통을 겪고 있어요.

카사 칼베트
섬유업을 했던 가우디의 친구 칼베트의 집이에요. 1층은 식당이고, 그 위는 개인 집이지요.

도마뱀 조각상

구엘 공원
동화 나라 같은 공원이에요. 도마뱀 조각상, 구불구불 긴 의자, 알록달록한 타일이 유명해요.

성 테레사 수녀원
가우디가 초기에 설계한 신고딕 양식의 건물이에요.

카사 비센스
지붕 위로 솟은 돔, 화려한 외벽, 종려나무 잎을 닮은 문이 있는 신기한 집이에요.

카사 밀라
흰 석회암 건물의 창과 벽을 곡선으로 만든 건물이에요. 세상에! 이 건물이 아파트라네요!

카탈루냐 광장
카탈루냐 광장을 기준으로 남쪽은 구시가지, 북쪽은 신시가지로 나뉘어요. 관광 안내소, 지하철역이 가까워요.

레우스 광장의 인간 탑 쌓기 축제
에스파냐 북동부 카탈루냐 지방에서 전해지는 전통 축제예요. 유네스코 무형 문화유산이에요.

몬주익 분수
음악에 맞춰 춤추는 마법의 분수 쇼가 유명해요.

호안 미로 미술관
바르셀로나 출신의 세계적인 화가인 호안 미로의 미술관이에요.

사그라다 파밀리아 성당
130년이 넘도록 계속 짓고 있는 성당이에요. 예수의 탄생, 수난, 영광을 나타내는 세 개의 파사드(건축의 정면)와 열두 제자를 뜻하는 12개의 탑으로 에워싸여 있어요.

카탈루냐 음악당
가우디의 경쟁자인 도메네치가 세운 우아한 음악당이에요. 바르셀로나 최고 건축상을 받았고 유네스코 세계 문화유산에 올라 있어요.

피카소 미술관
최초의 피카소 미술관이에요. 피카소는 바르셀로나 미술학교에 다녔어요.

용의 지붕

카사 바트요
사람의 뼈를 소재로 설계한 건물이에요. 지붕은 용의 비늘 같고 외벽 타일은 햇살을 받아 반짝거리는 것 같아요. 실내는 지중해의 푸른 물을 본땄어요.

레이알 광장 가우디 가로등
가우디가 최초로 설계한 가로등이에요.

산타 마리아 델 마르 성당
아름다운 카탈루냐 고딕 양식을 잘 보여 주는 아름다운 건축물이에요.

콜럼버스 동상
이사벨라 여왕의 후원으로 아메리카 대륙을 발견한 콜럼버스 동상이 벨 항구에 있어요. 최근에는 식민주의 잔재라고 철거하자는 주장이 나오고 있어요.

발레아레스 해

벨 항구
가우디가 살아 있을 때는 노동자 지구였어요. 저녁에는 항구 주변의 조명으로 운치가 있어요.

구엘 저택
가우디의 후원자 구엘을 위해 지은 저택이에요. 지하 1층의 마구간은 꼭 지하 주차장 같아요!

르네 마그리트가 사랑한 유럽의 수도
브뤼셀

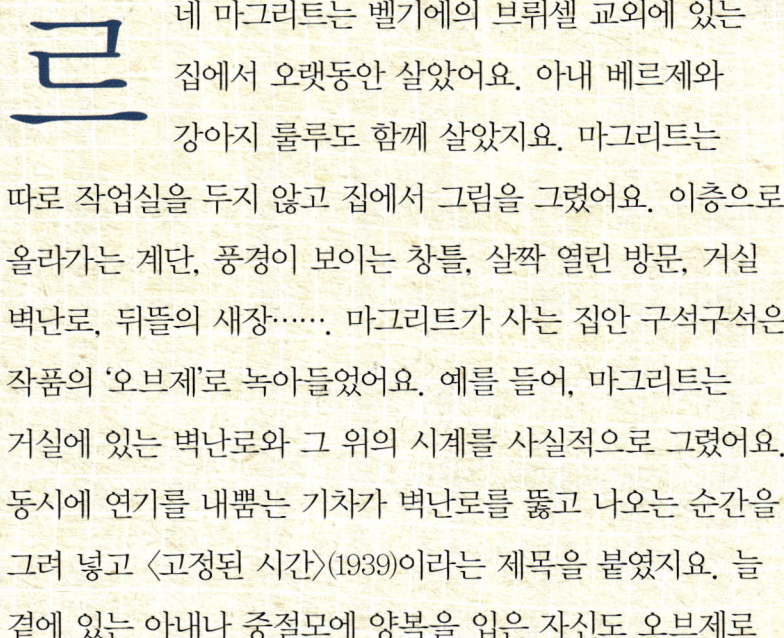

르네 마그리트는 벨기에의 브뤼셀 교외에 있는 집에서 오랫동안 살았어요. 아내 베르제와 강아지 룰루도 함께 살았지요. 마그리트는 따로 작업실을 두지 않고 집에서 그림을 그렸어요. 이층으로 올라가는 계단, 풍경이 보이는 창틀, 살짝 열린 방문, 거실 벽난로, 뒤뜰의 새장…… 마그리트가 사는 집안 구석구석은 작품의 '오브제'로 녹아들었어요. 예를 들어, 마그리트는 거실에 있는 벽난로와 그 위의 시계를 사실적으로 그렸어요. 동시에 연기를 내뿜는 기차가 벽난로를 뚫고 나오는 순간을 그려 넣고 〈고정된 시간〉(1939)이라는 제목을 붙였지요. 늘 곁에 있는 아내나 중절모에 양복을 입은 자신도 오브제로 그림에 종종 등장시켰어요.

마그리트는 우리의 일상적인 감각을 일깨우고 사물에 대해 깊이 생각하게 하는 초현실주의적인 작품 세계를 이루었어요. 수수께끼 같은 작품 세계와 달리, 마크리트가 브뤼셀에서 보낸 일상생활은 아주 평범했어요. 집에서 그림을 그리고 나면 아내와 함께 브뤼셀 거리로 산책을

오브제란?
'오브제'란 초현실주의 미술에서 일상용품을 원래의 쓰임새와 전혀 다른 용도로 사용함으로써 완전히 새로운 느낌을 갖게 하는 걸 말해요. 르네 마그리트가 사용한 '데페이즈망(dépaysement)'은 우리 주변에 있는 대상들을 아주 사실적으로 묘사하고 그것과 전혀 다른 요소들을 작품 속에 동시에 배치하여 낯설게 보이도록 하는 기법이에요.

〈빛의 제국〉, 1954, 146×114cm, 왕립미술관, 브뤼셀

마그리트는 낮의 풍경과 밤의 풍경이 동시에 있는 〈빛의 제국〉, 큰 바위가 성채를 이고 공중에 떠 있는 〈피레네의 성〉 같은 신비스럽고 수수께끼 같은 작품을 그린 초현실주의 화가였어요.

나가곤 했어요. 브뤼셀의 중심인 그랑 플라스를 천천히 한바퀴 돌면서 상점들도 기웃거리고 사람 구경도 했어요. 오줌싸개 동상이 있는 거리를 지나 단골 카페로 향하곤 했어요. 이 카페는 오래된 그림들이 다닥다닥 걸려 있는 고풍스러운 카페였어요.

르네 마그리트에게 브뤼셀은 24년간 아내와 함께 산 집이 있는 곳, 초현실주의적인 작품을 그린 곳, 그리고 일상의 작은 행복을 즐겼던 도시예요. 만약 브뤼셀에 가서 그랑 플라스와 카페 골목을 거닌다면 그 어디에서나 르네 마그리트가 걸었던 발자취를 발견할 수 있을 거예요.

〈피레네의 성〉, 1959, 200.3×130.3cm, 이스라엘 미술관

벨기에 지폐
유로화가 되기 전에 쓰던 벨기에 지폐예요. 500프랑 지폐에는 르네 마그리트 모습이 그려져 있어요.

르네 마그리트

르네 마그리트(1898~1967)는 '그림을 그리는 철학자'라는 별명이 붙은 초현실주의 화가예요. 벨기에의 작은 시골 마을 레신에서 재봉사인 아버지와 모자 장수인 어머니 사이에서 태어났어요. 마그리트의 그림에 양복과 중절모가 자주 등장하는 것과 분명 연관이 있을 거예요. 1916년 브뤼셀 왕립 미술 아카데미에서 그림 공부를 했어요. 1922년 이탈리아의 형이상학적 화가 조르조 데 키리코의 〈사랑의 노래〉에 영향을 받아 초현실주의적인 작품을 창조했어요. 스물여덟 살 때 3년간 파리에 머물면서 초현실주의 화가 살바도르 달리, 호안 미로와 영향을 주고받았어요. 그 뒤 브뤼셀로 돌아와 자신만의 초현실주의적인 작품 세계를 이루었지요.

Brussel
브뤼셀

브뤼셀은 벨기에의 수도이자 유럽 연합(EU)의 수도예요. 세계에서 가장 아름다운 광장이라는 '그랑 플라스'를 중심으로 시가지가 발달했어요. 그랑 플라스 주변에는 96미터의 고딕 탑이 있는 시청사, 왕의 집, 길드 하우스가 있어요. 브뤼셀의 명물 '오줌싸개 동상'은 1619년에 만들어진 60센티미터의 작은 동상이에요.

이 동상은 '어린 줄리앙'으로 불리는데, 이름에 얽힌 이야기가 있어요. 벨기에가 적의 공격을 받았을 때 줄리앙이라는 소년이 오줌을 싸서 침략군을 막아 냈다는 이야기지요. 이 동상에는 가끔 옷이 입혀져 있기도 해요. 전 세계에서 선물한 900벌 이상의 옷이 있는데 우리나라에서는 도령 한복을 선물했대요. 도령 한복을 입은 오줌싸개라니!

아토미움
브뤼셀 북쪽 하이젤 시가지에 1935년 엑스포 상징물로 조성된 상징물이에요.

르네 마그리트의 집
브뤼셀 근교의 제트(Jette)에 있는 집이에요. 마그리트가 아내와 24년을 산 곳이지요. 지금은 마그리트의 작은 박물관으로 사용되고 있어요. 투박한 초인종 위에 '마그리트'라는 문패가 걸려 있어요!

왕의 집(브뤼셀 시립 박물관)
고딕 양식의 이 건물에는 이름과 달리 한 번도 왕이 살지 않았어요. 브뤼셀의 역사를 소개하는 전시품과 오줌싸개 동상의 의상들이 전시되어 있어요.

길드 하우스
이곳은 제빵, 목공 등 각종 장인 조합이 휴식과 친목을 도모하던 곳이에요. 현재 레스토랑, 카페로 사용되고 있어요.

브뤼셀 시청사
시청사로 쓰이는 이 건물의 종탑 꼭대기에는 생 미셸 황금 조각상이 있어요. 이 조각상은 브뤼셀의 상징이에요.

그랑 플라스
프랑스의 소설가 빅토르 위고가 '세상에서 유럽에서 가장 아름다운 광장'이라고 했어요. 시청사, 왕의 집(브뤼셀 시립 박물관), 브라반트 공작관, 빅토르 위고의 집, 길드 하우스에 둘러싸인 큰 광장이에요. 근처에 맛난 초콜릿, 와플, 감자튀김 원조 가게가 있으니 놓치지 마세요!

브뤼셀 만화 박물관
벨기에 만화 역사를 한눈에 볼 수 있는 박물관이에요.
브뤼셀은 탱탱을 비롯해 스머프, 아스테릭스 등
유명한 만화 캐릭터의 고향이지요.

스머프   탱탱

성 미카엘과 성녀 구둘라 대성당
브뤼셀을 대표하는 고딕 성당이에요.
스테인드글라스가 멋져요.

마그리트 뮤지엄
수수께끼 같은 마그리트의 작품
250여 점을 전시하는 미술관이에요.

라 플뢰르 앙 파피에 도레
'황금빛 종이로 만든 꽃'이란 뜻의 카페예요.
르네 마그리트가 아내와 자주 들른 아름다운
카페지요. 전시회를 열기도 하고
커피를 마시기도 했어요.

브뤼셀 왕궁
여름에 무료로 개방되는 왕궁이에요. 샹들리에가 멋져요.

오줌싸개 동상
실제로 보면 동상이 너무 작아서,
또 옷을 입고 있어서 놀란답니다!

벨기에 왕립 미술관
피터 브뤼헐을 비롯한 벨기에 출신
화가들의 작품이 전시되어 있어요.
마그리트관이 따로 있으니
놓치지 마세요!

EU 본부
유럽 연합(EU)은 1993년 11월 1일 창립했어요.
회원국은 2019년 6월 현재 영국 포함 28개국이에요.

렘브란트 판 레인이 사랑한 문화의 도시 암스테르담

1631년 렘브란트는 고향을 떠나 네덜란드 암스테르담으로 이사한다는 중대 결정을 내렸어요. 스물다섯 살 청년 렘브란트는 그림을 팔아 생계를 잇는 화가의 길에 막 들어섰지요. 젊은 화가에게 암스테르담은 기회의 땅으로 다가왔어요.

17세기 암스테르담은 국제적인 무역 도시로 번영을 누리고 있었어요. 암스테르담의 미술 시장은 점점 규모가 커졌어요. 부유한 상인들은 값비싼 예술품을 사들이는 데 돈을 아끼지 않았지요. 하지만 암스테르담으로 향한 젊은 렘브란트는 자신이 평생 이 도시를 떠나지 않을 것이라고는 생각하지 못했어요. 렘브란트는 암스테르담에서 본격적인 화가의 길을 걸으며, 결혼을 하고, 아이를 낳고, 제자들을 키우고, 호화로운 저택을 사들였어요.

> **〈야경〉은 원래 낮의 장면!**
> 이 그림의 원래 제목은 〈프란스 반닝 코크 대장과 빌렘 반 로이텐부르그의 시민군〉이에요. 낮의 장면을 그렸으나 그림이 검게 변하면서 사람들이 밤의 장면으로 오해해 이런 제목을 붙였어요.

〈야경〉, 1642, 363×437cm, 암스테르담 국립 박물관

〈옴발〉, 1645년경, 18.7×22.7cm, 콜레런스 버킹엄 컬렉션

〈풍차가 있는 평야의 전경〉, 1640~1650년경, 19.8×30.8cm, 루브르 박물관

〈갈릴레아 호수의 폭풍과 그리스도〉, 1633년경, 160×128cm, 이사벨라 스튜어트 가드너 미술관

렘브란트 최고의 걸작 〈야경〉도 암스테르담에서 그렸지요. 1638년 렘브란트는 암스테르담의 사수조합 회관에 걸 대형 집단 초상화를 그려 달라는 주문을 받았어요. 4년여 만에 완성된 그림이 바로 〈야경〉이에요. 렘브란트가 그린 인물들은 암스테르담을 지키기 위해 자발적으로 구성된 시민군이었어요. 그림의 한가운데 검은 옷을 입은 시민군 대장이 왼손으로 "출격하라!"는 신호를 보내고 있어요. 노란 옷을 입은 부관이 들고 있는 창은 그림 밖으로 튀어나올 것처럼 그려져 있지요. 이 그림을 통해 우리는 17세기 암스테르담 시민들의 표정과 몸짓까지, 생동감 있는 모습을 고스란히 볼 수 있어요. 이밖에도 렘브란트는 〈풍차가 있는 평야의 전경〉, 〈옴발〉, 〈돌다리가 있는 풍경〉을 통해 풍차가 있는 17세기 암스테르담의 풍경을 세세하게 전하고 있어요.

〈돌아온 탕자〉, 1668년경, 262×205cm, 에르미타주 박물관

렘브란트 판 레인

〈렘브란트 자화상〉, 1669년, 86×70.5cm, 내셔널 아트 갤러리

렘브란트 판 레인(1606~1669)은 네덜란드의 레이덴에서 태어나 주로 암스테르담에서 활동한 화가예요. 서양 미술사에서 레오나르도 다빈치와 더불어 최고의 화가로 뽑히는 인물이지요. 자화상, 풍경화, 역사화, 판화에서 두루 뛰어난 작품을 남겼어요.

흔히 렘브란트를 '빛의 화가'라고 불러요. 키아로스쿠로* 기법을 세련되게 사용함으로써 시선을 인물에 집중시키고 인물에 혼을 불어넣은 듯한 극적인 효과를 얻었어요.

* 키아로스쿠로 : 밝고 어두운 대비 효과를 사용해 묘사 대상을 표현하는 기법.

Amsterdam 암스테르담

암스테르담은 네덜란드의 수도예요. '북유럽의 베네치아'라는 별명은 암스테르담 중앙역을 중심으로 부채꼴로 펼쳐진 시가지를 촘촘히 연결하는 운하 때문에 붙여졌지요. 12세기에 암스텔강 하구를 둑(담 Dam)으로 막아 세운 도시예요. 네덜란드 황금시대인 17세기에 국제적인 무역항으로 번성했어요.

예전에 암스테르담 교외의 튤립과 풍차가 유명했다면, 요즘에는 손신호를 보내며 능수능란하게 자전거를 타는 시민들의 모습이 인상적이에요. 운하를 따라 다닥다닥 붙어 있는 좁은 건물은 건물의 폭에 따라 매긴 세금을 줄이고자 한 데서 생겨난 독특한 모습이랍니다. 자유롭고 개방적인 도시의 분위기가 매력적인 도시예요.

풍차마을(잔세스칸스)
암스테르담에서 북쪽으로 13킬로미터 떨어진 잔 지방의 작은 마을이에요. 18세기에는 700개가 넘는 풍차가 있었지만 지금은 몇 개만 남아 있어요.

신교회
암스테르담 왕궁 옆에 있으며, 왕들의 대관식이 열린 교회예요.

암스테르담 왕궁
담 광장에 있는 네덜란드 왕궁이에요. 왕의 집무실 겸 행사를 하는 곳이에요.

안네 프랑크의 집
유대인 소녀 안네가 1942년부터 1944년까지 숨어 살던 집이에요. 나치 정권의 참상을 고발한 《안네 프랑크의 일기》가 태어난 현장이에요.

담 광장
담(Dam)은 둑이라는 뜻이에요. 암스텔강의 둑이 무너졌을 때 도시가 잠기는 것을 막기 위해 담광장을 닦았대요. 한가운데 제2차 세계 대전의 희생자를 기리는 국립 기념탑이 있어요.

운하와 크루즈

암스테르담 국립 미술관
1885년에 문을 연 미술관이에요. 렘브란트의 〈야경〉, 고흐의 〈자화상〉, 페르메이르의 〈편지를 읽는 여인〉 같은 17세기 걸작들이 전시되어 있어요.

쾨켄호프 튤립 축제
세계 최대의 꽃 축제로, 매년 3월 말에서 5월 중순까지 열려요. 전 세계에 봄을 알리는 축제라고 하여 '유럽의 봄'이라고 불려요.

반 고흐 미술관
네덜란드 출신의 화가 고흐의 작품을 전시하는 미술관이에요. 초기 작품부터 마지막 작품까지 전시되어 있어요. 특히 〈감자 먹는 사람들〉, 〈해바라기〉 같은 대표작이 눈에 띄어요.

암스테르담 중앙역
유럽 도시들과 네덜란드의 지방 도시를 연결하는 기차역이에요. 기차역이라기보단 왕궁 같은 고풍스러운 건물이에요.

암스테르담 도서관
세계적인 건축가 요 쿠넌이 설계한 도서관이에요. 중앙역 근처의 운하를 접하고 있으며 10층 건물에 어린이실, 테라스가 있는 전망대, 카페를 갖춘 문화 공간이에요.

네모 과학 박물관
배 모양의 어린이 과학 박물관이에요. 과학 원리를 이용한 체험 기구, 보고 만지고 조작하면서 신나는 과학을 배울 수 있는 놀이터예요.

구교회
13세기 초, 암스테르담이 생겨날 때 같이 세워진 교회예요.

렘브란트의 집
렘브란트가 1639년부터 21년간 살았던 집이에요. 집을 박물관으로 수리할 때, 렘브란트가 남긴 실내 그림을 참조했대요.

국립 해양 박물관
17세기 네덜란드의 '황금시대'를 중심으로 해양 문화에 대한 전시를 하는 박물관이에요. 박물관 앞 운하에 동인도 회사의 배인 '암스테르담'호를 전시해 놓았어요. 배 안에는 당시에 쓰던 대로 후추와 접시, 치즈, 빵이 놓여 있고 선원들의 방을 세밀하게 복원해 놓았어요.

마헤레 다리
1691년 완성된 도개교예요. 전설에 따르면 강 맞은편에 살던 깡마른 자매가 서로 다니기 편하도록 만든 다리라네요! 마헤레는 네덜란드어로 '깡마르다'는 뜻을 담고 있어요.

트램

암스텔강

요하네스 페르메이르가 사랑한 황금시대의 델프트

〈델프트 풍경〉, 1660~1661, 98×118cm, 마우리츠하위스 왕립 미술관

〈뚜쟁이〉, 1656년, 143×130cm, 드레스덴 국립 미술관

유리컵을 든 왼쪽 남성이 페르메이르일 것으로 추측하고 있어요.

요하네스 페르메이르

요하네스 페르메이르(1632~1675)는 네덜란드의 화가예요. 베르메르라는 영어 이름으로 널리 알려져 있지요. 델프트에서 직물공, 선술집, 여관업을 하는 아버지와 플랑드르 출신의 어머니 사이에서 태어났어요. 스물한 살 때인 1653년 화가 도제 수업을 마치고 델프트의 성 루가 길드에 가입했어요. 같은 해 카타리나와 결혼해서 11명의 아이를 낳았어요. 페르메이르는 대가족을 먹여 살리느라 고생하다가 마흔셋의 나이에 심장 마비로 세상을 떠났어요. 평생 겨우 36점의 그림을 남겼지요. 오랫동안 잊힌 상태로 있다가 19세기에 재발견되어 큰 사랑을 받은 화가예요.

〈델프트 풍경〉에 숨은 역사, 소빙하기와 청어잡이

16~17세기에 전 세계적으로 소빙하기가 닥쳤어요. 청어 떼가 얼어붙은 노르웨이 해안을 피해 남쪽 네덜란드 해안으로 내려왔어요. 네덜란드는 뜻밖의 청어잡이로 큰돈을 벌었고 그 돈을 해외 무역에 투자할 수 있었어요. 16세기 말 오라녜 공작을 중심으로 에스파냐로부터 독립한 네덜란드는 동남아시아, 아프리카, 북아프리카에 식민지를 건설하며 해외 무역으로 막대한 부를 쌓았어요. 당시 동인도 회사가 네덜란드 해외 무역을 맡았는데, 암스테르담과 델프트를 비롯한 여섯 곳에 사무실을 두고 있었어요.

구름이 낮게 드리운 날, 페르메이르는 도시의 남쪽에 서서 강 건너 도심이 있는 북쪽을 바라봤어요. 수문과 청어잡이 배, 구교회와 신교회의 뾰족탑……. 이 도시에서 쭉 살아온지라 눈앞에 파노라마처럼 펼쳐진 델프트의 풍경은 늘 보던 그대로였지요.

페르메이르는 붓을 들어 델프트의 풍경을 화폭에 담기 시작했어요. 한순간, 하늘에 깔린 구름 사이로 햇빛이 쏟아졌어요. 페르메이르는 잠시 붓놀림을 멈추고 그 광경을 지켜봤어요. 그러고는 구름 사이로 쏟아지는 햇빛이 신교회의 뾰족탑과 그 옆의 노란 벽을 '금빛으로' 환하게 비추도록 그렸어요. 신교회에는 네덜란드 독립 전쟁의 영웅인 오라녜 공작이 잠들어 있었지요. 공작을 기리는 마음이 있었을까요? 아무튼 앞쪽이 어둡고 신교회가 있는 뒤쪽을 밝게 처리함으로써 보통의 원근법과는 다른 독특한 풍경화를 완성했어요.

페르메이르는 네덜란드의 황금시대에 살았고, 자신이 살던 델프트 풍경을 그림으로 남겼어요. 페르메이르가 그린 〈델프트 풍경〉 속 두 척의 청어잡이 배와 붉은 지붕의 동인도 회사 건물이 바로 황금시대의 증거인 셈이지요.

〈우유를 따르는 여인〉,
1658~1660, 45.4×40.6cm, 암스테르담 국립 박물관

〈레이스 뜨는 여인〉,
1669~1670, 24×21cm, 루브르 박물관

〈진주 귀걸이를 한 소녀〉,
1666, 44.5×39cm, 마우리츠하위스 왕립 미술관

Delft 델프트

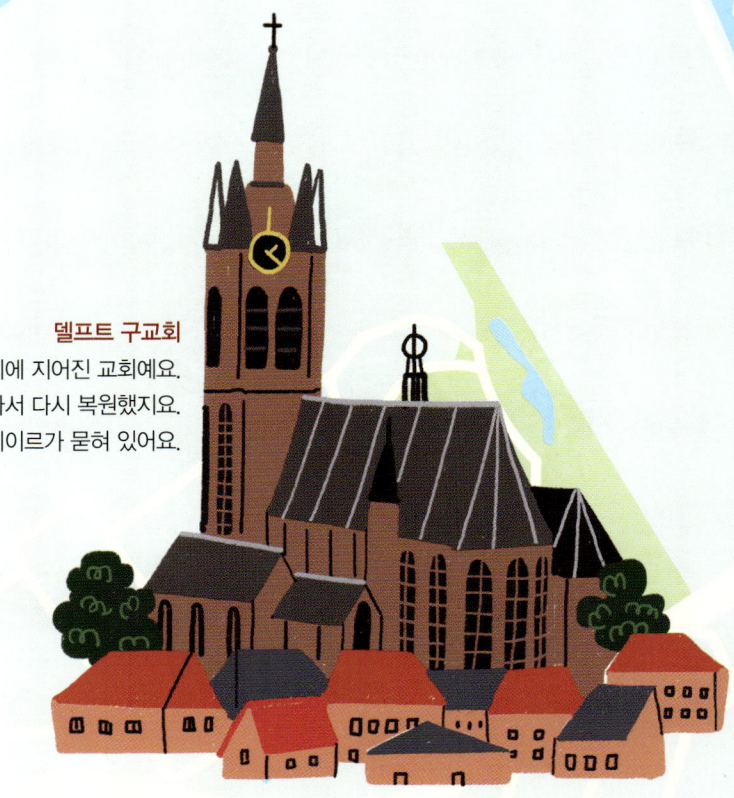

델프트 구교회
13세기에 지어진 교회예요.
대화재가 나서 다시 복원했지요.
페르메이르가 묻혀 있어요.

델프트는 네덜란드 암스테르담에서 자동차로 한 시간 남짓 거리에 있는 작은 도시예요. 네덜란드가 해수면보다 낮은 지대의 땅이라는 뜻인 것처럼 델프트는 '파다.'라는 뜻의 네덜란드어인 '델븐 (delven)'에서 나온 이름이에요. 낮은 지대에 제방을 쌓아 북해를 막고 수문을 파서 물을 빼내고 만든 도시이지요. 도시의 서쪽을 따라 흐르는 운하는 아직도 '오래된 수문'이라는 뜻의 '아우더델프트(Oude Delft)'라고 불려요.

델프트는 페르메이르가 활동하던 17세기의 모습을 그대로 간직하고 있어요. 1660년 5월 델프트를 방문한 영국 작가 새뮤얼 피프스의 말마따나 '가는 거리거리마다 강과 다리가 있는 무척이나 사랑스러운 도시'이지요. 델프트는 시내를 잇는 운하, 명문 델프트 공대, 세계적인 명품 도자기로 유명해요.

델프트 신교회
1536년 대화재 이후 다시 세운 교회예요.
네덜란드를 세운 빌렘 오라네공의 무덤이 있어요.
페르메이르가 유아 세례를 받은 곳이기도 해요.
탑에 올라가면 아기자기한 델프트
시내를 내려다볼 수 있어요.

델프트 운하
델프트 시내 곳곳을 흐르는 운하예요. 운하를 따라 걷다 보면
델프트의 매력에 푹 빠질 거예요.

로열 델프트
델프트 블루로 알려진 푸른색 도자기를 전시하는 박물관이에요.

페르메이르 집
1632년부터 1675년까지 살았던 곳이에요. 3층짜리 집에서 아내와 11명의 아이, 장모와 같이 살았어요. 꼭대기 층에 작업실을 마련해 두고 그림을 그렸어요.

페르메이르 센터(성 루카스 길드 하우스)
페르메이르의 작품과 생애를 소개하는 곳이에요. 아쉽게도 이곳에는 진짜 페르메이르의 그림이 없답니다.

시청사
델프트에서 아름다운 건물로 손꼽히는 곳이에요. 마르크트 광장을 두고 신교회와 마주하고 있어요. 페르메이르가 결혼식을 올린 곳이기도해요.

델프트 동문 쌍둥이 탑
1400년경에 지은 탑이에요. 페르메이르의 풍경화 〈델프트〉에도 등장하지요.

마르크트 광장
시청사와 신교회, 카페와 기념품 상점, 레스토랑 등이 있는 광장이에요. 매주 목요일마다 시장이 열려요. 근처에 페르메이르의 아버지가 운영한 여인숙이 있었어요.

휴고 그로티우스 동상
델프트에서 태어난 휴고 크로티우스(1583~1645)는 국제법의 아버지라 불려요.

델프트 공과 대학교 도서관
네덜란드 최대의 국립 공대에 있는 도서관이에요. 특이한 외관이 눈에 띄는 이 건물은 원뿔형의 꼭대기에 뚫려 있는 창으로 햇빛이 들어와 실내를 환하게 비추어요.

브레멘

그림 형제가 사랑한 동화의 고장

"**힝**! 멍멍! 야옹! 꼬꼬댁!"

당나귀 등에 개, 개 등에 고양이, 고양이 등에 수탉이 목청을 돋우어 합창을 해요! 푸른 지붕의 예스러운 브레멘 시청 바로 옆에 '브레멘 동물 음악대'의 동상이 서 있어요. 어찌나 사랑스러운지, 이 동상을 보려고 전 세계 어린이들이 독일 브레멘으로 몰려들어요. 당나귀 발이나 코를 만지면 소원이 이루어진다는 현대판 전설이 생겨나서 청동상에서 그 부분만 누렇게 색이 변하고 반질반질해요.

그런데 네 마리의 동물들은 독일의 수많은 도시들을 놔두고 왜 브레멘으로 갔을까요? 13세기부터 브레멘에 이곳저곳을 떠돌며 연주하는 유랑 악단이 있었다는 사실로는 무언가 설명이 부족해요. 평생 주인을 위해 노예처럼 일했던 동물들이 자유를 찾아 브레멘으로 갔다는 사실이 더 중요해요. 동화 속에서 브레멘이 어떻게 자유의 상징이 되었을까요?

〈브레멘 동물 음악대〉 동상

〈브레멘 동물 음악대〉는?

이 이야기는 그림 형제의 〈어린이와 가정을 위한 동화집〉에 실린 이야기 중 하나예요. 당나귀가 앞발을 창틀에 척하고 올렸어요. 그러자 당나귀 등에 개, 개 등에 고양이, 고양이 등에 수탉이 차례차례 올라갔지요. 길동무 넷이 한꺼번에 '합창'을 부르자 마치 괴물이 울부짖는 소리 같았어요. 숲속 빈집에서 금은보화를 쌓고 잔치를 벌이던 도둑들은 그길로 도망쳤어요. 나이 든 당나귀, 개, 고양이, 수탉은 자기 주인들에게 버림받고 브레멘 동물 음악대가 되기 위해 집을 나섰다가, 숲속 빈 집에서 도둑을 내쫓고 행복하게 살았다는 이야기랍니다.

〈브레멘 동물 음악대〉 조형물
브레멘 거리에서는 브레멘 음악대와 관련된 조형물을 곳곳에서 볼 수 있어요.

그 해답의 실마리를 브레멘 시청 앞 마르크트 광장에 서 있는 거대한 롤란트 석상에서 찾을 수 있어요. 1404년에 세워진 영웅 롤란트 석상은 브레멘의 자유와 시민의 권리를 상징해요. 브레멘은 중세 영주의 지배로부터 자유로운 '자치 도시'의 지위를 누리고 있었어요. 자치 도시인 브레멘에서는 영주로부터 도망친 농노들이 일 년 하고도 하루 동안 들키지 않으면 자유를 얻었대요. "도시의 공기는 자유를 준다."는 중세 독일의 속담처럼 브레멘의 공기는 이 사랑스런 당나귀, 개, 고양이, 수탉에게 진정한 자유를 주었어요. 혹시 그림 형제는 이런 브레멘의 역사와 분위기를 잘 알지 않았을까요?

야코프 그림과 빌헬름 그림

그림 형제는 독일 헤센주 프랑크푸르트의 동쪽에 있는 하나우에서 태어났어요. 그림 형제는 야코프 그림(1785~1863)과 빌헬름 그림(1786~1859) 형제를 말해요. 하나우는 '메르헨 가도(동화 여행길)'의 출발점이에요. 하나우에는 그림 형제의 동상과 곳곳에 그림 형제의 동화에 나오는 주인공들의 동상이 세워져 있어요. 매년 5월에서 7월 사이에 '그림 형제 동화 축제'가 열려요.

그림 형제는 예로부터 독일 사람들의 입에서 입으로 전해 내려오는 옛이야기들을 수집해서 〈어린이와 가정을 위한 동화집〉을 펴냈어요. 백설공주, 신데렐라, 잠자는 숲속의 공주, 라푼첼, 헨젤과 그레텔 같이 세계적으로 널리 알려진 이야기들이 실려 있지요. 두 형제의 직업은 원래 언어학자였는데, 독일어를 연구하기 위해 옛이야기를 수집했대요.

〈그림 형제의 초상화〉, 1855년, 베를린 국립미술관

Bremen 브레멘

브레멘 트램

브레멘은 독일 북부의 항구 도시예요. 13세기부터 함부르크와 더불어 한자 동맹의 중심 도시로서 국제 무역과 상공업이 크게 발달했어요. 베저강의 운하를 이용한 장거리 무역으로 엄청난 부를 쌓은 브레멘은 함부르크와 더불어 중세의 봉건 세력으로부터 자유로운 '자치시'의 지위를 누렸어요. 지금 브레멘의 정식 이름은 '브레멘 자유 한자시'예요. 독일은 16개의 '주'가 모인 독일 연방 공화국이에요. 1949년 독일 연방 공화국이 세워진 뒤에도 브레멘은 여전히 자치시라는 독특한 지위를 누리고 있어요. 브레멘 자유 한자시에는 브레멘과 브레머하펜이 있어요. 브레멘에서 멀리 떨어진 브레머하펜이 같은 자치시에 포함되어 있는 점도 재미있어요. 브레멘은 자유로운 사상과 학문이 발달한 도시예요. 독일에서 유일한 '학문의 도시'지요. 브레멘은 하나우에서 시작해서 장장 600킬로미터에 달하는 '메르헨 가도(동화 여행길)'가 끝나는 곳이기도 해요.

메르헨 가도 동화와 전설이 깃든 마을들을 연결하는 길이에요.

- **브레멘** 동물 음악대의 도시예요.
- **노이슈반슈타인성** 신데렐라와 디즈니성의 모델이 된 곳이에요.
- **하멜른** 피리 부는 사나이
- **라푼첼**
- **트렌델부르크 / 자바부르크** 〈잠자는 숲속의 공주〉의 배경인 장미공주의 성이 있어요.
- **카젤** 그림 형제 박물관이 있어요.
- **알스펠트** 빨간 모자의 도시예요.
- **슈타이나우** 그림 형제가 어린 시절 살던 곳이에요.
- **하나우** 그림 형제가 태어난 곳이에요.

글로켄슈필 하우스의 종
건물 꼭대기에 달린 종에서 정해진 시간마다 아름다운 종소리가 울려요.

로젤리우스하우스 뮤지엄
14세기 건물로 미술품을 전시하고 있어요.

뵈트허 거리
1902년부터 중세 수공업자들의 공방을 복원한 거리예요. 마르크트 광장부터 베저강까지 100여 미터에 이르는 구역에 조성되어 있어요. 로젤리우스라는 상인이 중세 거리를 재현하기 위해 20세기 초에 만들었어요.

봉봉 사탕과자 상점
수제 막대 사탕을 파는 가게예요. 직접 사탕을 만드는 모습을 구경할 수 있어요. 봉봉은 독일어로 사탕이라는 뜻이에요.

브레멘 성벽 입구의 풍차
네덜란드식 풍차예요.
브레멘 기차역에서 구시가지로 넘어가는
길목에 있는 공원에 설치되어 있어요.

죄게 거리
1970년대 조성된 구시가지의 시작점이에요.
옛날에 돼지치기가 돼지를 끌고
지나다니던 길에 뿔을 부는 돼지치기와 돼지 동상이 생겼어요.
돼지 등에 올라탄 어린이들이 신났네요!

브레멘 동물 음악대 동상

마르크트 광장에 위치한 브레멘 시청사
마르크트 광장에 있는 시청사예요. 시청사 서쪽에 브레멘
동물 음악대 동상이 있어요. 당나귀의 발을 만지면 행운이 온다는
전설이 있어요. 관광객들이 하도 만져서 당나귀 발이 반질반질해요.
저 어린이도 까치발을 하고 발을 만지네요!

롤란트 석상
1404년 브레멘시의 자치와 시장의 자유를
상징하기 위해 세운 5.5미터의 석상이에요.
롤란트는 중세 문학에 등장하는 영웅이에요.
시청사와 함께 유네스코 세계 문화유산에
올라 있어요.

브레멘 대성당
두 개의 뾰족한 첨탑이 솟아 있는
대표적인 고딕 양식의 건물이에요.
첨탑에 올라가면 브레멘 시내를
한눈에 볼 수 있어요. 정식 이름은
성 페트리(베드로) 돔 브레멘이에요.
성당 왼쪽에 말을 탄
'철혈 재상 비스마르크'의 동상이 있어요.

슈노어 지구
베저 강가에 있는 동화 같은 거리예요.
구불구불 좁은 골목에 작고 알록달록한
건물이 빽빽하게 들어서 있어요. 300여
년 된 오래된 어부마을을 단장해서 예쁜
인형을 파는 상점과 카페, 레스토랑으로
바꾸어 놓았어요.

베저강
독일의 북서부 지역을 흐르는 강이에요.

요한 볼프강 폰 괴테가 사랑한 마인 강변의 프랑크푸르트

> "1749년 8월 28일, 나는 프랑크푸르트에서 낮 12시를 알리는 종소리와 함께 세상에 태어났다. 하늘의 별자리는 아주 좋았다."
> – 〈괴테 자서전 : 시와 진실〉 중에서

괴테 자서전은 자신의 거창한 탄생을 알리는 구절로 시작해요. 노년에 접어든 괴테는 태어난 때부터 스물여섯 살에 집을 떠날 때까지, 예술가로서의 성장 과정을 되짚어 봤어요. 이 자서전에서 자신이 태어나고 자란 마인 강변의 프랑크푸르트 생가(태어난 집)의 구석구석을 어린 시절의 추억들과 함께 자세하게 그려 놓았지요.

생가 4층에는 청년 괴테가 책상에 앉아 《젊은 베르테르의 슬픔》을 쓴 '시인의 방'이 있어요. 자, 그 옆에 있는 자그마한 '인형극 방'에 주목해야 해요. 네 살 되던 해의 크리스마스 저녁에, 할머니가 인형극 상자 앞으로 아이들을 불러 모아 인형극을 보여 주었어요. 인형극 상자는, 앞은 2층 집 모양의 커튼을 쳐서 인형극 무대가 되고, 뒤는 끈에 매달린 인형들이 무대로 드나드는 문이 있는 나무 상자였어요. 인형극은 네 살배기 괴테의 마음을 완전히 사로잡았어요.

《젊은 베르테르의 슬픔》
이 소설은 약혼자가 있는 샤롯데를 사랑한 청년 베르테르의 괴로움을 그렸지만 그 뒤에는 아버지 세대에 강하게 반발하며 인간이 타고난 감정을 존중하자는 주장이 담겨 있어요. 당시 유럽 젊은이들은 베르테르의 옷차림을 하고 다녔으며 베르테르를 따라 자살하기도 해서 '베르테르 효과'라는 말이 생겨났어요.

괴테 생가

회화의 방
한쪽 벽을 유명한 화가들의 그림으로 가득 채워 놓았어요.

인형극 방에 가면 인형극 무대가 있어요.

시인의 방
괴테가 사용한 책상이에요.

그날 이후, 괴테는 인형의 옷을 직접 만들고 동네 꼬마들을 불러 놓고 인형극을 무대에 올렸어요. 연극에 열정적으로 빠진 젊은이가 등장하는 〈빌헬름 마이스터의 수업시대〉, 독일 전설 속의 인물 파우스트를 주인공으로 한 희곡 〈파우스트〉가 이 자그마한 인형극 상자에서 움튼 것이지요!

어린 괴테는 친구들이랑 마인강에 놓인 오래된 다리 위에서 산책하기를 좋아했어요. 다리 아래를 흐르는 강물이 어린 괴테의 눈을 사로잡았어요. 다리 중앙에 설치된 십자가 끝에 달린 황금닭이 햇살에 반짝이는 모습을 보면 언제나 즐거웠지요. 어린 괴테는 오래된 다리를 건너 작센하우젠 너머까지 걸어가곤 했어요.

괴테의 생가에서 마인 강변까지는 1킬로미터가 조금 넘는 거리예요. 강바람을 쐬며 오래된 다리를 건너 18세기 독일 마을의 모습이 남아 있는 작센하우젠까지 걷노라면 세계적인 대문호 괴테의 어린 시절과 청년 시절의 모습이 어렴풋이 떠오를 거예요. 샤롯데와의 이루어질 수 없는 사랑의 열병을 앓은 '젊은 베르테르의 슬픔과 함께요!

괴테 생가의 이모저모

괴테 생가는 괴테의 아버지가 건물 두 채를 이어 지은 거예요. 제2차 세계 대전 때 폭격을 받았지만 전쟁이 끝난 뒤 고스란히 복원했어요. 괴테의 생가는 겉모습도 아름답지만, 벽을 두른 벽지에 따라 '북경 방', '노란 방', '파란 방'으로 불리는 방들은 우아하기 그지없어요.
2천 권이 넘는 책이 꽂힌 도서관, 프랑크푸르트 유명 화가들의 그림으로 벽면을 가득 채운 회화의 방, 상상력을 키운 인형극 방, 아버지가 플루트를 연주하고 다른 이가 피라미드 피아노를 연주하는 음악 방이 있었어요.
이곳에서 괴테는 온갖 교양으로 무장한 청년으로 성장해 나갔어요. 믿기 힘들겠지만 집안 곳곳에 괴테가 살아 있을 때 쓰던 물건들이 전시되어 있어요.

요한 볼프강 폰 괴테

〈괴테〉, 요제프 카를 슈틸러, 1828, 78×63.8cm, 바이에른주 회화 콜렉션

요한 볼프강 폰 괴테(1749~1832)는 독일의 시인, 소설가, 희곡 작가이며 철학자, 정치인이에요. 바이마르 공국에서 오랫동안 재상을 지냈어요.

괴테는 프랑크푸르트에서 왕실 고문관인 아버지와 프랑크푸르트 시장의 딸인 어머니 사이에서 태어났어요. 북독일계 아버지로부터 지적이고 엄격한 태도를 물려받았다면, 남독일계 어머니로부터 자유로운 예술적 감성을 물려받았어요. 괴테는 부유하고 정치적으로 영향력 있는 집안에서 최고의 교육을 받고 자랐어요.

1774년 괴테는 《젊은 베르테르의 슬픔》을 발표하면서 '질풍노도(18세기 후반 독일에서 일어난 문학 운동)'의 한복판에 서게 되었어요. 괴테는 이 소설의 성공으로 단번에 유명 작가가 되었어요. 1775년 스물여섯 살의 괴테는 바이마르 공국의 아우구스트 공의 초청을 받고 집을 떠났어요. 2년간의 이탈리아 여행을 빼면 계속 바이마르에 머물면서 다시는 고향에 돌아오지 않았지요.

알테 오퍼
오페라 하우스로 문을 열었어요. 지금은 다양한 음악 공연이 펼쳐지는 대표적인 공연장이에요.

에셴하이머탑
1346년 멘고스가 세우기 시작한 뒤 1428년에야 완성되었어요. 도심에서 중세 모습을 가장 잘 간직한 건축물이에요. 지금은 레스토랑으로 사용하고 있어요.

요한 볼프강 괴테 프랑크푸르트암마인 대학교
시민들이 돈을 모아 설립했어요. 독일에서 다섯 번째로 학생 수가 많은 대학이에요.

괴테 광장의 괴테 동상
괴테하우스에서 300미터 떨어진 곳에 있는 광장이에요. 광장 한가운데 괴테 동상이 서 있어요.

장크트 파울 교회
네오 고딕 양식으로 지은 교회예요. 1848년 최초의 독일 국민회의가 개최된 곳이지요.

프랑크푸르트 국제 도서전
15세기 초 구텐베르크가 금속 활자를 발명한 것이 계기가 되어 1564년부터 작가와 인쇄업자가 부흐메세(책시장)라는 이름으로 개최하면서 시작되었어요. 해마다 열려요.

괴테 하우스
괴테가 살았던 집이에요. 지금은 괴테 박물관으로 사용되고 있어요.

프랑크푸르트 중앙역
유럽 철도 여행의 중심지예요.

마인강
프랑크푸르트를 가로지르는 강이에요. 라인강의 지류 중에서 가장 커요.

프랑크푸르트 국제공항
유럽 항공 여행의 중심지예요.

슈타델 미술관
마인 강변의 박물관 지구에 위치해 있어요. 세잔, 렘브란트, 뒤러 등의 작품을 소장하고 있어요. 근처에 독일 영화박물관도 있답니다.

Frankfurt 프랑크푸르트

프랑크푸르트는 독일의 헤센주에 있는 도시예요. 브란덴부르크주에 있는 프랑크푸르트 안 데어 오데르와 구분하기 위해 '프랑크푸르트암마인(Frankfurt am Main)'이라고 부르지요. 괴테가 건넌 옛다리는 1222년에 세워진 돌로 만든 아치교예요. 이 다리가 세워진 곳은 마인강의 하류인데, 수심이 얕았어요. 이 돌다리가 세워지기 전에는 말을 타고 건넜지요. 프랑크푸르트란 이름도 이 지역에 살던 '프랑크(Frank)족이 얕은 여울(Furt)을 건넜다.'는 뜻이라고 해요. 이 다리는 19세기까지 프랑크푸르트에서 유일한 다리였고 괴테의 생가가 있는 구시가지와 작센하우젠을 연결해 주었어요. 지금 옛 다리는 이름만 남고 콘크리트 다리로 교체되었어요.

18세기에 프랑크푸르트는 대성당에서 신성 로마 제국 황제의 대관식을 올린 유서 깊은 도시예요. 제2차 세계 대전 때 도시가 크게 파괴되었지만 유럽에서는 드물게 고층 건물이 늘어선 현대적인 도시로 탈바꿈했어요. 지금 프랑크푸르트는 독일의 경제 수도 역할을 하고 있어요. 또한 유럽의 중심부에 위치해 있어서 유럽 항공과 철도 교통의 중심지, 유럽 중앙 은행이 위치한 유럽 금융의 중심지이지요.

프랑크푸르트 대성당
신성 로마 제국 황제들이 대관식을 거행하던 곳이에요.

뢰머 광장
옛 시청사 건물인 뢰머가 있는 광장이에요. 구시가지의 중심에 있어요. 지붕이 뾰족한 중세 건물들로 둘러싸여 있지요. 광장 한가운데 정의의 여신 유스티아상이 서 있어요.

정의의 여신 유스티아상
오른손에 칼, 왼손에 저울을 들고 서 있어요. 1543년에 세워졌어요.

유럽 중앙 은행
유럽 중앙 은행이 있는 유로 타워예요. 프랑크푸르트는 유럽 금융의 중심지예요.

작센하우젠 지구
구다리를 건너 어린 괴테가 산책한 동네예요. 18세기 독일 마을의 모습이 남아 있어요. 사과로 만든 와인인 아펠바인이 특산물이에요.

독일 자동차
독일의 대표적인 자동차인 아우디와 벤츠를 거리 곳곳에서 볼 수 있어요.

베드르지흐 스메타나가 사랑한 블타바 강변의 프라하

1874년 초겨울, 쉰 살에 접어든 스메타나는 '블타바(독일어로 몰다우)'를 작곡했어요. 6악장으로 된 교향시 〈나의 조국〉의 제2악장이었지요. '블타바'는 〈나의 조국〉 중에서 가장 널리 알려지고 가장 사랑받는 곡이에요. 스메타나는 이 곡을 프라하에 바쳤어요.

체코는 오랫동안 오스트리아의 지배를 받았어요. 스메타나는 체코의 역사와 자연, 영웅, 전설을 〈나의 조국〉에 실어 민족의 정기와 자부심을 높이고자 했어요. 그렇기에 체코 사람들에게 그토록 존경과 사랑을 받는 것이지요.

매년 5월 12일이 되면 프라하 시민 회관(오베츠니 둠)에서는 '프라하의 봄'이라 불리는 음악 축제가 열려요. 스메타나가 죽은 날을 기념해서, 음악 축제의 첫 곡으로 스메타나의 교향시 〈나의 조국〉을 연주하는 전통이 있어요. 이 날은 대통령까지 참석해서 국민적 축제를 즐겨요.

블타바 강변에는 노란색의 단아한 스메타나 박물관이 있어요. 그 건물 앞에는 유유히 흐르는 블타바강을 굽어보며 앉아 있는 스메타나 동상이 놓여 있지요. 국민적 사랑을 받는 체코 작곡가에 대한 프라하 시민들의 존경의 표시랍니다.

스메타나가 작곡한 오페라 〈팔려간 신부〉의 표지

〈나의 조국〉 제2장 〈블타바〉를 직접 들어 보세요!

연주 시간 약 12분의 '블타바'는 스메타나가 귀가 완전히 멀어 전혀 들리지 않았을 때 작곡한 첫 곡이었어요. 제1악장은 다행히 귀가 멀기 전에 완성된 곡이었지요. 스메타나는 프라하를 떠나 교외에 머물면서 6년에 걸쳐 6악장까지 〈나의 조국〉을 완성했어요.
스메타나는 굽이쳐 흐르는 블타바강의 흐름을 아름다운 선율에 실었어요. 작은 샘에서 조잘대며 시작한 물줄기들이 합쳐져 강이 되어 흐르지요. 강은 숲과 계곡을 지나고, 마을을 지나요. 마을을 지날 때 농부들의 경쾌한 혼례식 광경이 묘사돼요. 달빛 아래 물의 요정 춤이 이어지고, 강은 급류를 만나 소용돌이치다가, 프라하를 향해 잔잔히 흘러, 바다로 가지요. 유튜브에서 쉽게 찾을 수 있으니 꼭 들어 보세요.

베드르지흐 스메타나

ⓒ 위키피디아

베드르지흐 스메타나(1824~1884)는 체코의 국민 음악가로 추앙받는 작곡가예요. 체코의 보헤미아 지방 리토미슐에서 태어났어요.

스메타나는 아버지의 반대를 무릅쓰고 열한 살 때 음악가로 성공하겠다는 꿈을 품고 프라하에 왔어요. 체코가 오스트리아의 지배를 받은 시절에는 잠시 스웨덴에서 지휘자로 활동했어요. 1861년 체코에서 민족 운동이 일어나자 모든 활동을 접고 프라하로 돌아왔어요. 그 당시 체코 국민들은 한 푼 두 푼 모아서 국립 극장을 세우는 문화 운동을 벌였어요. 스메타나는 국립 극장을 위해 체코어로 된 오페라 〈팔려간 신부〉를 작곡해서 무대에 올렸어요. 대표작으로 교향시 〈나의 조국〉, 오페라 〈팔려간 신부〉 〈리부셰〉, 현악 4중주곡 〈나의 생애로부터〉가 있어요.

프라하성과 성 비투스 대성당
프라하와 체코의 상징이에요. 1100년 역사를 지닌 고성이에요. 성 안에 황금 소로, 성당, 황궁이 있는 복합 건물이에요. 지금은 체코 대통령 궁으로 사용하고 있어요.

벨베데레 궁전
페르디난트 1세가 부인을 위해 지어 준 곳이에요. 주로 여름에 이용하는 휴양 궁전이에요.

성 미쿨라쉬 종탑
산타클로스 성당의 종탑이에요. 위에 올라가면 프라하를 360도로 볼 수 있어요.

카프카 박물관
체코 출신의 소설가 카프카를 기리는 박물관이에요.

마리오네트 인형극
프라하의 인기 볼거리예요. 위에서 사람이 실로 조종하는 인형극이에요. 모차르트의 〈돈 조반니〉가 최고 인기예요.

카렐 다리
프라하의 명소예요. 1402년에 완성된 다리로 낮밤을 가리지 않고 거리 공연을 하는 악대들과 관광객이 넘쳐나요. 양쪽에 성인들의 조각상이 늘어서 있어요. 전설 속 사제 얀 네포무츠키의 동상을 찾아보세요!

하벨 시장
프라하의 재래시장이에요.

리히텐슈타인 궁전
프라하의 권력자였던 카렐 폰 리히텐슈타인의 궁이에요.

프라하 아기 예수
승리의 성모 성당 안에 있는 유명한 아기 예수상이에요. 세 살 정도의 아이 모습을 한 예수상은 값비싼 대관식용 외투를 입고 있어요. 8세기 합스부르크 군주국의 유일한 여성 통치자인 마리아 테레지아가 입혀 주었어요.

스메타나 박물관
블타바 강변에 있는 박물관이에요. 1884년에 체코의 국민주의 작곡가를 기념해 제작했어요.

스메타나 동상

비셰흐라트
비셰흐라트는 '높은 성'이라는 뜻을 가진 프라하의 요새예요. 〈나의 조국〉의 제 1악장 제목과 같아요. 프라하를 내려다볼 수 있는 언덕에 있는데, 스메타나, 드보르작이 묻힌 무덤이 있어요.

블타바강
프라하를 지나 엘베강으로 합류하는 강이에요. 흔히 독일식 이름 몰다우로 알려져 있어요. 이 강을 따라 30여 개의 다리가 놓여 있어요.

Praha 프라하

프라하는 체코 공화국의 수도예요. 중세 유럽의 향기가 물씬 풍기는 도시지요. 빨간 지붕과 뾰족탑이 어우러진 풍경은 동화에서 튀어나온 것 같아요.

체코에서 가장 긴 강인 블타바강이 프라하 시내를 관통해서 흘러요. 중세풍의 천년 고도(옛 도읍) 프라하는 구황궁 정원, 황금소로, 성당이 함께 있는 프라하성과 30명의 성인상이 늘어선 카렐 다리의 야경이 저녁 노을과 어우러지면 낭만적인 분위기가 아주 멋지지요. 프라하 역사 지구는 유네스코 세계 문화유산에 올라 있어요.

프라하는 무엇보다 음악의 도시예요. '유럽의 음악원'이라는 별명이 있지요. 모차르트가 무척 사랑한 도시이기도 해요. 체코 출신의 음악가로는 스메타나, 드보르작, 야나체크가 있어요. 체코가 오스트리아의 지배에서 벗어나자 프라하 시민들이 한 푼 두 푼 모아 국립 극장(시민 회관)을 세울 정도로 문화를 사랑하는 도시지요. 화가 알폰소 무하, 작가 카프카의 고향이기도 해요.

프라하는 전 세계에서 몰려든 관광객들로 몸살을 앓는 도시이기도 해요. 우리나라 사람들도 즐겨 찾아서, 카렐 다리에 가면 한국인 관광객만 보인다는 볼멘소리가 들릴 지경이지요.

프라하 시민 회관의 스메타나 홀

프라하 시민 회관(오베츠니 둠)
1911년 완성된 아르누보 양식의 건물이에요.
그중 대형 콘서트 홀을 '스메타나 홀'이라고 부른답니다.

천문시계

프라하 천문시계 탑
프라하의 명물로, 탑에 올라가면 프라하 시내가 내려다보여요. 중앙에 걸린 천문시계는 천체의 현재 정보를 알려 주는 기능이 있는 것으로 유명해요.

화약탑
프라하의 성문이자 탑이에요.
18세기에 화약을 보관했다고 해서 화약탑이라고 불렸어요.

알폰소 무하 박물관
체코의 유명한 화가인 알폰소 무하의 작품을 볼 수 있는 곳이에요.

모차르트 청동상

에스타테스(스타보보스케) 극장
1787년 모차르트가 오페라 〈돈 조반니〉를 처음으로 무대에 올린 극장이에요. 이를 기념해서 '얼굴 없는 유령'이라는 청동상을 모차르트에게 선물했어요.

프라하의 베토벤과 모차르트!
베토벤과 모차르트가 프라하와 깊은 인연이 있다는 사실은 그리 알려져 있지 않아요. 베토벤은 자유로운 예술가의 영혼을 지녔기에 귀족들의 후원에 의지하는 작곡 활동을 탐탁지 않게 여겼어요. 프라하의 귀족 로브코비츠가 베토벤에게 아무런 제약 없이 작곡에만 전념하라며 적극적으로 후원했어요. 베토벤은 교향곡 3번 영웅, 4번 전원, 9번 합창을 이 가문에 바쳤어요. 말년에 건강이 나빠진 모차르트 또한 프라하에서 후원을 받았어요. 모차르트는 후원에 보답하고자 오페라 〈돈 조반니〉를 작곡해 에스타테스 극장에서 최초로 공연했어요.

한스 크리스티안 안데르센이 사랑한 바이킹의 도시

코펜하겐

1 819년 9월 6일 아침, 열네 살 소년 안데르센은 우편 마차를 타고 막 코펜하겐에 도착했어요. 유명 배우가 되겠다는 꿈을 품고 고향 오덴세를 떠나 무작정 온 것이지요. 안데르센은 프레데릭스베르 언덕에서 그토록 동경하던 코펜하겐을 내려다봤어요. 이 소년에겐 코펜하겐이 이 세상에서 가장 '커다란 도시'였어요. 소년은 마차에서 내려 작은 보따리를 들고 궁전 앞으로 나 있는 오솔길을 따라 시내로 타박타박 걸어 들어갔어요. 주머니엔 고작 10탈러(유럽에서 15~19세기에 쓰인 은화)가 들어 있었지요.

안데르센은 그렇게 첫발을 디딘 코펜하겐을 무척 사랑했어요. 실제로 코펜하겐의 골목골목과 궁, 건물, 공원, 정자, 조각상, 가로등까지 안데르센이 살았던 시대의 코펜하겐이 안데르센 동화 속에 오롯이 담겼어요.

동화 《나이팅게일》 탄생의 비밀은?

어느 날, 안데르센은 티볼리 놀이공원의 축제에 참석했어요. 티볼리 놀이공원에는 아시아, 아프리카, 남아메리카, 미국, 유럽의 건물들을 축소한 시설이 있었어요. 수천 개의 조명이 환하게 밝혀졌어요. 안데르센은 처마가 높이 솟은 4층짜리 중국식 정자와 드래곤 보트가 있는 연못에서 영감을 받았어요. 놀이공원의 작은 정자와 연못에서 도자기로 된 중국 황제의 궁전과 드넓은 정원이 탄생한 것이지요. 안데르센은 그날 밤 일기에 "티볼리에서 중국 동화가 시작된다."라고 썼어요. 이틀 뒤, 동화 《나이팅게일》이 완성되었지요.

안데르센 동상이에요. 티볼리 놀이공원을 바라보고 있어요.

코펜하겐 지방 법원 건물 앞에는 웅장한 이오니아식 기둥이 늘어서 있는데, 기둥 양쪽으로 오래된 가스등이 희미하게 타오르고 있었지요. 안데르센은 세상이 빠르게 변화하는 시대에, 내일이면 버려질 운명에 처한 '가스등'을 주인공으로 내세운 기발한 동화를 썼어요. 코펜하겐의 구석구석을 세세하게 관찰한 사람이 아니라면 이런 동화는 절대 나올 수 없었을 거예요.

코펜하겐은 안데르센에게 마치 거대한 도서관 같았어요. 건물들은 책장에 꽂힌 책 같았지요. 코펜하겐에서 거미가 실을 잣듯 안데르센의 동화가 꽃을 피웠어요. 미운 오리 새끼에서 백조로 거듭난 안데르센에게 코펜하겐은 제2의 고향이자 세상에서 가장 소중한 도시였어요.

인어공주 동상이에요.

한스 크리스티안 안데르센

《안데르센 초상 사진》, 토라 할라거, 1869, 오덴세 박물관

한스 크리스티안 안데르센(1805~1875)은 덴마크 출신의 세계적인 동화 작가예요. 오덴세에서 구두 수선공인 아버지와 세탁부인 어머니 사이에서 태어났어요. 열한 살 때 아버지를 잃고 몹시 가난하고 불우한 어린 시절을 보냈어요. 내성적이고 예민한 성격이었지만 성공에 대한 열망이 아주 컸어요.

1819년 배우가 되기 위해 코펜하겐에 왔으나 변성기로 목소리가 변해 버리는 바람에 작가의 길을 걷게 되었어요. 자신의 삶이 반영된 《미운 오리 새끼》(1843)로 큰 성공을 거두었지요. 그 뒤로 《인어공주》, 《성냥팔이 소녀》, 《벌거벗은 임금님》, 《눈의 여왕》 같은 수많은 작품을 발표했어요.

1875년 안데르센이 세상을 떠났을 때 만 명 이상의 시민들이 장례 행렬을 따르고 덴마크 왕이 장례식에 참석했어요. 안데르센은 본격적인 어린이 문학의 창시자였어요. 그의 이름을 딴 '한스 크리스티안 안데르센상'은 어린이 책의 노벨 문학상이라고 할 수 있는데, 매년 뛰어난 동화 작가에게 수여하고 있어요.

Copenhagen 코펜하겐

코펜하겐은 덴마크의 수도예요. 덴마크는 북유럽의 중심지이지만 스칸디나비아 반도에 있는 세 나라와는 달리 독일의 북쪽에 뿔처럼 솟아나 있어요. 크고 작은 400여 개의 섬으로 이루어져 있는 나라지요. 코펜하겐은 셸란섬에 있는데 외레순 다리를 통해 스칸디나비아 반도에 있는 스웨덴의 말뫼로 연결되어요.

코펜하겐은 영어식 발음이고 덴마크어로는 '쾨벤하운'이라고 불러요. 쾨벤하운은 '상인들의 항구'라는 뜻이에요. 코펜하겐은 북해와 발트해의 중간에 위치한 중심지였어요. 8세기 말에서 11세기 말까지 유럽 연안에서 활동하던 바이킹들의 중심지로 유럽을 벌벌 떨게 만들었지요. 지금은 물론 '안데르센의 도시'로 유명해요.

시청사 앞에 있는 안데르센의 동상은 물론이고 셸란섬의 동쪽 끝에 있는 인어공주 동상을 보기 위해 전 세계에서 수많은 관광객들이 몰려든답니다.

코펜하겐 지방 법원
안데르센이 동화의 아이디어를 얻은 곳 중 하나예요. 깜박거리는 가스등 앞에서 상상의 나래를 펼쳐 보세요.

안데르센 동화의 집
안데르센의 일생과 안데르센의 동화가 재현되어 있어요.

브라헤 천문관
덴마크의 유명한 천문학자 티코 브라헤의 이름을 붙인 천문관이에요. 세계에서 가장 큰 크기의 필름을 상영하는 아이맥스 영화관, 천문 전시관도 있어요.

루르 연주자 동상
고대 스칸디나비아의 악기인 루르를 부는 바이킹 동상이 서 있어요.

프레데릭스베르 궁전
프레데릭 4세가 세운 여름 궁전이에요. 정원이 잘 꾸며져 있어서 산책하기 좋아요.

코펜하겐 중앙역
코펜하겐과 덴마크의 지방 도시, 다른 나라의 기차역을 연결하지요.

카스텔레 성채
별 모양의 독특한 성채예요. 1960년대부터 제2차 세계 대전까지 코펜하겐을 방어하는 요새였어요. 현재는 공원으로 조성되어 있어요.

인어공주 동상
코펜하겐 항구에 있어요. 1913년 양조업자 칼 야콥센이 조각가 에드바르 에릭센에게 주문해 만들었어요.

로센보르 궁전
덴마크 왕실 가족이 사용하던 궁전이에요. 지금은 덴마크 왕실의 소장품을 전시하는 미술관으로 쓰여요.

코펜하겐 대성당

덴마크 왕립 극장
안데르센이 배우가 되기 위해 찾아간 극장이에요.

콩겐스뉘토르 광장의 크리스티안 5세 동상
콩겐스뉘토르 광장은 '왕의 신 광장'이라는 뜻이에요.

1905년 만들어진 코펜하겐 시청사에는 옌슨 올센의 천문시계가 있어요. 시계탑에 올라가면 코펜하겐 시내를 감상할 수 있어요.

코펜하겐 시청사

뉘하운
신항구라는 뜻이에요. 안데르센이 이 동네의 20번지에서 살면서 첫 번째 동화를 썼어요. 운하 양쪽으로 높은 집들이 솟아 있어요.

안데르센 동상
시청사 앞에 자리해 있어요. 건너편 티볼리 놀이공원을 바라보고 있어요.

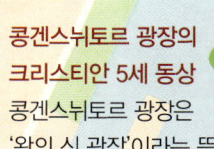

호이브로 광장의 압살론 기념상
압살론은 코펜하겐을 세운 사람이에요.

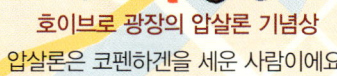

크리스티안보르 궁전
1167년에 세워져 왕궁으로 사용되었어요. 지금은 국회의사당, 대법원 청사, 총리 관저실로 사용하고 있어요.

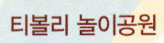

티볼리 놀이공원
1843년에 문을 연 세계 최초의 놀이공원이에요. 중국식 정자와 드래곤 보트도 있어요.

불멸강 아마데우스 모차르트가 사랑한 음악의 도시
빈

  여섯 살 신동 모차르트는 빈의 쇤브룬 궁전에서 연주를 성공적으로 마치자, 오스트리아 합스부르크 제국의 황제 마리아 테레지아의 무릎에 뛰어 올라가 볼에 키스를 했어요. 두둑한 연주비도 챙겼고, 황태자가 입던 멋진 궁정 예복도 한 벌 선물받았지요. 아버지가 '신이 잘츠부르크에 내린 기적'인 모차르트를 세상에 알리고자 떠난 유럽 연주 여행 때 생긴 일이었어요.

  모차르트가 다시 빈으로 향한 건 1781년 스물다섯 살 때였어요. 여러 차례에 걸친 유럽 연주 여행 뒤에도 모차르트의 삶이 달라진 건 없었어요. 잘츠부르크 대주교가 다스리는 궁정에서 일하는 음악가의 처지란 게 중간급 하인과 크게 다르지 않았거든요. 오만한 모차르트는 꼬장꼬장한 대주교와

유덴플라츠 3-4번지에 있는
건물에 붙어 있는 명판
모차르트가 1783년에
이곳에서 살았다는
내용이에요.

호텔 다스 티그라의 벽면에 붙어 있는 명판
"볼프강 아마데우스 모차르트는 1779년 여름 빈에서 세 번째로 머무를 때 이 집에서 살았다. 빈 음악의 경험으로 독일 예술의 마스터가 되기를 결심했다."라고 쓰여 있어요.

징거슈트라세 7번지 건물에 붙어 있는
모차르트 기념 명판
모차르트가 1781년 3월 16일부터 5월 2일까지
머물렀다는 내용이에요.

정면으로 맞서다가, 노발대발한 대주교의 시종에게 엉덩이를 발로 차이는 수모를 당했었지요.

모차르트는 "배고픈 음악가냐? 고분고분한 하인이냐?"의 갈림길에 섰지요. 자존심 강한 모차르트는 안정적인 궁정 악사직을 걷어차고 당시로서는 고생길이 훤한 자유 예술가가 되어 빈으로 향했어요.

빈은 모차르트를 반갑게 맞아 주었어요. 모차르트는 타고난 재능에 날개를 단 듯 왕성하게 활동했어요. 빈에 오자마자 피아노 협주곡 세 곡과 오페라 〈후궁 탈출〉을 작곡했지요. 그러고는 오페라의 기념비적인 작품 〈피가로의 결혼〉을 무대에 올리고 교향곡 41번 〈주피터〉를 비롯한 수많은 교향곡을 작곡했어요. 거만한 성격의 모차르트는 자신의 재능을 시기하는 빈 궁정 악장 살리에르와 갈등을 빚기도 했지만 빈에서 작곡가로서 전성기를 맞이했어요.

빈에서는 모차르트의 발자취를 수없이 만날 수 있어요. 모차르트가 머물다 간 호텔이나 집 곳곳에 기념 명판을 붙여 놓았거든요.

어린 모차르트예요.

마리아 테레지아 황제의 기념상에 포함되어 있는
어린 모차르트의 모습
빈의 미술사 박물관과 자연사 박물관의 사이에는 '마리아 테레지아 플라츠'가 있고 여기에 마리아 테레지아 황제의 기념상이 웅장하게 자리 잡고 있어요. 이 기념상의 받침대에는 마리아 테레지아 황제의 집권 당시에 황제를 위해 크게 봉사했던 장군들과 학자들, 관리들의 모습이 동상처럼 세워져 있어요.

볼프강 아마데우스 모차르트

〈모차르트 초상화〉, 바바라 크래프트, 1819년

모차르트(1756~1791)는 오스트리아 잘츠부르크에서 태어난 서양 고전 음악 작곡가예요. 잘츠부르크 궁정 악사인 아버지 레오폴드는 일찌감치 아들의 천재성을 발견했지요. 모차르트는 네 살 때부터 악기를 연주하고 다섯 살 때부터 작곡을 시작한 신동으로 이름을 날렸어요. 그러다 자신을 갑갑하게 옥죄던 잘츠부르크 궁정을 떠나 빈에 정착했어요. 하지만 〈진혼곡 레퀴엠〉 작곡을 마지막으로 고열에 시달리다 겨우 서른다섯 살에 세상을 떠났어요. 짧은 생애 동안 모차르트는 〈피가로의 결혼〉(1786), 〈돈 조반니〉(1787), 〈코지 판 투테〉(1790), 〈마술피리〉(1791) 등의 오페라와 21개의 피아노 협주곡, 5개의 바이올린 협주곡, 41개의 교향곡, 24개의 현악 사중주와 실내악 작품, 17개의 미사곡을 남겼어요.

빈

빈은 중부 유럽에 위치한 오스트리아의 수도예요. 도나우 강변에 있어요. 수백 년 동안 신성 로마 제국의 황제를 지낸 합스부르크 왕가가 자리한 도시지요.

서양 고전 음악과 미술 여행을 하기에 좋은 도시예요. 유럽을 대표하는 빈 미술과 박물관에서 유명 화가들의 작품을 볼 수 있어요. 무엇보다 클림트의 그림으로 유명하지요. 모차르트를 비롯해서 베토벤, 슈베르트, 브람스, 부르크너, 요한 스트라우스 2세가 활동해서 '음악의 수도'라고 불려요. 세계적인 수준을 자랑하는 빈 교향악단, 빈 소년 합창단, 빈 국립 오페라단이 있어요.

빈에 간다면 비엔나 커피로 알려진 '아인슈페너'와 빈을 대표하는 음식인 '슈니첼(돈가스와 비슷한 음식)'을 꼭 맛보세요.

빈 시청사
네오 고딕식으로 지은 시청사예요. 여름밤에는 시청사를 배경으로 음악 영화제(뮤직 필름 페스티벌)가 열려요.

호프부르크 왕궁
합스부르크 왕가의 겨울 궁전이에요. 지금은 건물 가운데에 대통령 집무실이 있어요.

빈 미술사 박물관
루브르, 프라도 박물관과 함께 유럽 3대 박물관으로 꼽혀요. 루벤스, 뒤러, 벨라스케스, 라파엘로의 작품을 전시하고 있어요.

쇤브룬 궁전
여섯 살 모차르트가 누나 나네를과 함께 연주한 궁전이에요. 이곳에서 모차르트가 넘어졌을 때 한 소녀가 도와서 일으켜 세우자, 모차르트가 "나중에 결혼해요."라며 청혼한 일이 유명해요. 이 소녀가 나중에 프랑스의 왕비가 된 마리 앙투아네트였어요. '아름다운 샘'이라는 뜻의 궁전으로 합스부르크 왕가의 여름 궁전이에요. 베르사유 궁전과 더불어 가장 화려하기로 손꼽혀요.

> **잘츠부르크 축제**
> 잘츠부르크에는 모차르트 생가와 모차르트의 집이 있어요. 잘츠부르크 시는 '모차르트의 고향'임을 내세워 세계의 관광객을 불러 모으고 있어요. 하지만 모차르트가 잘츠부르크에서 박대당한 일을 생각하면 어처구니없는 일이지요. 여름에는 해마다 모차르트를 기념하는 잘츠부르크 축제도 열려요.

슈테판 대성당
뾰족한 첨탑이 하늘 높이 솟은 고딕 양식의 성당이에요. 1782년 8월 4일 모차르트와 콘스탄체가 결혼식을 올린 곳이지요.

도나우강

콜마르크트 거리
황실과 귀족을 상대로 한 상점이 있던 거리예요. 지금도 구찌, 샤넬 같은 명품 상점 거리예요. 11번지에 하이든이 잠깐 살았던 미하엘라 하우스가 있어요.

모차르트의 집
모차르트가 1784년부터 1787년까지 살았던 집이에요. 이 집에서 〈피가로의 결혼〉을 작곡해서 피가로 하우스라고도 불러요.

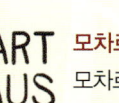

로스 하우스
빈의 중심가인 마하엘 광장에 있어요. 주변의 다른 건축물과 달리 아주 단순한 형태의 건물이에요. '장식은 범죄'라고 주장한 아돌프 로스가 설계했어요.

모차르트 동상
구시가지 왕궁 정원에 있어요.

벨베데레 궁전
바로크 양식의 궁전이에요. 사보이 왕가 오이겐 왕자의 여름 궁전으로 지어졌어요. 상궁, 하궁, 정원으로 구성되어 있어요. 지금은 미술관으로 쓰이며, 소장품 중 구스타프 클림트의 〈키스〉가 가장 유명해요.

국립 오페라 하우스
1869년 완공되었어요. 개관작으로 모차르트의 〈돈 조반니〉를 무대에 올렸어요. 파리의 오페라 가르니에, 밀라노의 라 스칼라 극장과 더불어 세계 3대 오페라 극장으로 꼽혀요.

중앙묘지
모차르트가 묻힌 무덤은 정확히 알 수 없어요. 이곳에는 모차르트 추모비가 남아 있어요. 음악가 구역에 베토벤, 슈베르트, 요한스트라우스 2세, 브람스의 무덤이 있어요.

예술가가 사랑한 도시는 어디일까요?

유럽의 각 도시들은 저마다 나름대로의 매력을 가지고 있어요. 여러 예술가들이 자신의 예술혼을 불태우는 데 영감을 얻은 도시는 어디일까요? 아래에 주어진 단서를 바탕으로 각각의 예술가들이 사랑한 도시를 맞혀 보세요.

1. 세계에서 가장 유명하고 사랑받는 록 밴드가 탄생한 항구 도시예요.
   — 비틀즈 / 캐번 클럽

2. 스메타나가 죽은 날을 기념해서, 첫 곡으로 스메타나의 교향시 <나의 조국>을 연주하는 음악 축제가 열리는 도시예요.
   — 스메타나 / 스메타나 박물관

3. 《올리버 트위스트》를 쓴 작가, 찰스 디킨스를 만든 도시예요.
   — 찰스 디킨스 / 디킨스의 집

4. 이곳에서 살다 생을 마감한 모차르트의 발자취를 수없이 만날 수 있는 도시예요.
   — 모차르트 / 모차르트의 집

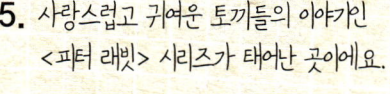

5. 사랑스럽고 귀여운 토끼들의 이야기인 <피터 래빗> 시리즈가 태어난 곳이에요.
   — 베아트릭스 포터 월드 / 베아트릭스 포터

6. 세계적인 베스트셀러인 <해리 포터> 시리즈의 작가에게 영감을 준 도시예요.
   — J. K. 롤링 / 에든버러성

7. 센 강가의 작은 전원 마을로, '꽃의 정원'과 '물의 정원'이 아름다운 곳이에요.
   — 모네 / 모네의 집

8. 카유보트가 비 오는 날 그린 이곳의 그림은 19세기 사람들의 패션 연구에 좋은 자료가 되어요.
   — 카유보트 / 카유보트의 집

9. 밀레와 다른 바르비종파 화가들의 작업실이 옹기종기 모여 있는 작은 마을이에요.
   — 밀레 / 밀레의 작업실

10. 이곳의 이글이글 타오르는 태양은 고흐에게 강렬한 색감을 안겨 주었어요.
    — 고흐 / 노란 집

11. 거닐다 보면 '세잔의 사과'와 똑같은 빨간 사과를 과일 상점에서 발견하는 기쁨을 맛볼 수 있는 도시예요.
    — 세잔의 길 / 세잔

12. 세계 최고의 걸작이자 예술의 기적으로 칭송받는 <최후의 만찬>을 만날 수 있는 도시예요.
    — 레오나르도 다빈치 / 산타마리아 델레 그라치에 성당

괴테
괴테 하우스

13. 강바람을 쐬며 오래된 다리를 걷노라면 세계적인 대문호 괴테의 어린 시절과 청년 시절의 모습이 어렴풋이 떠오르는 도시예요.

그림 형제
브레멘 동물 음악대 동상

14. 브레멘 동물 음악대를 보려고 세계의 어린이들이 몰려드는 도시예요.

15. 건축가 팔라디오가 지은 건축물이 늘어선 팔라디오 거리가 있는 도시예요.

빌라 라 로톤다
팔라디오

16. 500여 년 전, 카르파치오는 이곳의 리알토 다리를 세세하게 그림으로 그려 놓았어요.

리알토 다리
카르파치오

인어공주 동상
안데르센

17. 항구의 인어공주 동상이 세계에서 몰려드는 관광객들을 맞이하는 도시예요.

18. 렘브란트 최고의 걸작인 〈야경〉을 보면 17세기 이곳 시민들의 표정과 몸짓이 생생하게 표현되어 있어요.

렘브란트
렘브란트의 집

로시니
로시니 광장

19. 맛있는 음식이 많아서 뚱뚱보 미식 음악가인 로시니가 사랑한 도시예요.

20. 페르메이르가 그린 이 도시의 풍경 속에서 청어잡이로 큰돈을 벌었던 네덜란드의 황금시대를 보여 줘요.

페르메이르
페르메이르 집

21. 〈아담의 창조〉와 〈최후의 심판〉 그림을 만날 수 있는 도시예요.

미켈란젤로
시스티나 예배당

사그라다 파밀리아 성당
가우디

22. 지금까지 130여 년 동안 짓고 있는 사그라다 파밀리아 성당이 있는 도시예요.

23. 그랑 플라스와 카페 골목을 거닌다면 어디에서나 르네 마그리트의 발자취를 만날 수 있는 곳이에요.

그랑 플라스
르네 마그리트

단테의 집
단테

24. 이곳에 있는 단테의 집에서는 아직도 어릿광대가 〈신곡〉을 읽어 주고 있어요.

1. 리에쥬 2. 프라하 3. 잘츠부르크 4. 빈 5. 라이프치히 6. 에든버러 7. 상페테르스부르크 8. 파리 9. 바르셀로나 10. 아를 11. 에상프로방스 12. 뮌헨 13. 프랑크푸르트 14. 브레멘 15. 비첸차 16. 베네치아 17. 코펜하겐 18. 암스테르담 19. 폐사로 20. 델프트 21. 로마 22. 바르셀로나 23. 브뤼셀 24. 피렌체